MANOS QUE CUENTAN

Ruth Cañadas

MANOS QUE CUENTAN

*Mejora el vínculo y la comunicación con el bebé
a través de los signos*

Editorial OB STARE

Puede consultar nuestro catálogo en www.obstare.com

Los editores no han comprobado la eficacia ni el resultado de las recetas, productos, fórmulas técnicas, ejercicios o similares contenidos en este libro. Instan a los lectores a consultar al médico o especialista de la salud ante cualquier duda que surja. No asumen, por lo tanto, responsabilidad alguna en cuanto a su utilización ni realizan asesoramiento al respecto.

MANOS QUE CUENTAN
Ruth Cañadas

1.ª edición: septiembre de 2022

Corrección: *Sara Moreno*
Diseño de cubierta: *TsEdi, Teleservicios Editoriales, S. L.*
Fotografía de la cubierta: Verónica Pérez Morón

Edita: OB STARE, S. L. U.
www.obstare.com | obstare@obstare.com

ISBN: 978-84-18956-04-1
Depósito Legal: TF-363-2022

Impreso en SAGRAFIC
Passatge Carsí, 6 - 08025 Barcelona

Printed in Spain

A todos los maestros que se han cruzado en mi camino,
mostrándome que continúo creciendo.
Y a los que vendrán…
¡Gracias, gracias, gracias!

PRÓLOGO 1

Hacia el año 1999 entré a trabajar en un centro para niños disminuidos. Algunos de ellos eran niños sordos que utilizaban la lengua de signos. En mi afán de mejorar su educación y nuestra comunicación comprendí que lo mejor que podía hacer era aprender a signar con mis manos.

Contacté con la comunidad sorda de mi ciudad, que me informó de los cursos que se hacían y de que la mayoría eran en LSC (lengua de signos catalana), ya que yo vivo en Cataluña. Ésa fue mi primera sorpresa, puesto que en mi ignorancia pensaba que la lengua de signos era igual para todos. A partir de aquí entré en un mundo lleno de una sorpresa tras otra.

Aprendí LSC y algo de LSE (lengua de signos española), lo que me permitió ampliar mis habilidades comunicativas no solamente con las personas sordas, sino con otros oyentes (no sabes lo cómodo que es estar a distancia y en un lugar ruidoso y poder comunicarse sin gritar, como el día que desde la barra de un bar una amiga me preguntó a lo lejos qué es lo que deseaba beber).

A partir de entonces me hice una entusiasta de la lengua de signos, no por la utilidad que le sacaba en mi trabajo y en mi vida personal, sino porque comprendí que cuantos más idiomas posibles se puedan hablar, más te puedes relacionar y porque las personas sordas necesitan que las podamos escuchar. Es su derecho, y nuestra obligación es intentarlo.

Con tristeza observé como muchas veces la comunidad sorda suele ser muy cerrada puesto que, a parte de ellos y sus familiares, tienen problemas para relacionarse con el resto, y eso no es justo. Hemos adaptado nuestras ciudades a las personas con movilidades reducidas eliminando barreras arquitectónicas, instalado semáforos sonoros para las personas que no pueden ver, pero no nos hemos molestado en aprender unos signos básicos para comprender mínimamente a ese colectivo. ¡Queda tanto por hacer en el mundo de las discapacidades! Así pues, entenderás por qué abogo siempre que puedo por que la lengua de signos se enseñe en las escuelas (al menos unas nociones básicas) y que desde pequeños los niños puedan usar ese idioma. Lo que no me había planteado nunca es que la LSE sirviera para comunicarte con tu hijo oyente de una forma más eficaz. Y eso es lo que han hecho varios autores en los últimos años, como Ruth Cañadas.

El libro que tenemos delante no es un manual de cómo hablar lengua de signos, sino de cómo a través de los signos de esa lengua puedes comunicarte con tu bebé cuando todavía no habla o tiene un vocabulario limitado. Es una magnífica oportunidad para que toda la familia pueda relacionarse mejor y así los niños aprenden una nueva lengua que de mayores seguro que les va a venir muy bien, aunque normalmente no la usen.

En el libro encontrarás las palabras clave en el día a día con tu bebé, lo cual permite mantener el contacto más estrechamente. En ese diálogo que se establece es difícil separar la comunicación de las caricias, pues la mayoría de las palabras para aprenderlas primero se hacen en el cuerpo del niño y luego en el del adulto. Seguro que una forma de comunicarse en la que palabra y mimos van de la mano va a ser bienvenida por nuestros bebés.

Ruth Cañadas, como intérprete de LSE, conoce muy bien las bondades de comunicarse mediante las manos, y como madre que ha puesto en práctica ese sistema sabe lo bien que le ha funcionado. Y a partir de aquí, en lugar de quedarse esa experiencia para ella, la deposita en un libro y nos la regala a todos aquellos que queremos leerlo. Gracias, Ruth, por tu saber y tu generosidad.

ROSA JOVÉ

PRÓLOGO 2

La primera vez que escuché hablar de lengua de signos para bebés, pensé: «¿Y por qué no esperar a que aprendan a hablar por sí mismos, de forma natural? ¿No podría esto retrasar de algún modo la adquisición de la lengua hablada?». Por principio, desconfío mucho de cualquier método encaminado a acelerar procesos de desarrollo naturales, a sustituir el aprendizaje natural del niño por la enseñanza guiada, por parte de los adultos, de una habilidad que adquirirá de todos modos por sí mismo.

Después conocí a Ruth Cañadas en un curso de formación en salud mental perinatal. Me consta que es una persona que está continuamente formándose, y que el lugar desde el que ha desarrollado este trabajo es el de un profundo respeto por las necesidades de los bebés y niños y su proceso espontáneo de desarrollo. Sé que su propuesta va mucho más allá de ofrecer una herramienta para facilitar la comunicación entre pequeños y adultos –con la importancia que esto tiene–, sino que se integra dentro de una visión respetuosa y holística sobre los bebés y la crianza.

Aunque parezca que tiene poca relación con el tema del libro, toda la parte introductoria sobre el impacto del nacimiento, la lactancia y la infancia temprana en el desarrollo de los bebés es importante, ya que ayuda no sólo a contextualizar esta propuesta y a entender la necesidad de sintonía y de presencia cuando estamos con nuestros bebés, sino que permite vislumbrar hasta qué punto esto se puede entorpecer desde el principio. Por eso, cuando Ruth me pidió que escribiera el prólogo de su libro dije inmediatamente que sí, porque incide en un tema crucial: la comunicación y la interacción.

Poner a disposición de las familias una herramienta de comunicación que, para ser utilizada, requiere en primer lugar mirar al bebé y estar atento a sus señales ya es, en sí mismo, algo revolucionario. Una revolución que puede marcar la diferencia en un mundo en el que el tiempo disponible para los hijos no sólo es escaso, sino que además sufre la interferencia de los dispositivos móviles que, con frecuencia, acaparan la atención y la mirada de los adultos. Sí, así están las cosas.

Los niños construyen su identidad a través de la mirada del adulto. No hay nada más interesante para un bebé o un niño pequeño que el rostro expresivo de una persona que le mira, y que le mira con amor, alegría y genuino interés. No hay nada que estimule más su salud, su inteligencia emocional y social y su desarrollo cerebral que una interacción positiva con las personas que le aman y le cuidan. Ofrecer herramientas al niño pequeño para expresar qué es lo que necesita no sólo mejora su capacidad para comunicarse más eficazmente, sino que alimenta su sentimiento de competencia personal. La reciprocidad y la respuesta a la mirada y las señales del bebé o niño no sólo le ayudan a sentirse amado y cuidado, sino merecedor de ese amor y cuidado. Esto tiene una enorme trascendencia en muchos aspectos.

Los bebés, desde que nacen, son verdaderos maestros en descifrar todo lo que decimos sin palabras; captan inmediatamente lo que transmitimos con el gesto, la mirada, la entonación de la voz, el lenguaje corporal. También son expertos en aprender a través de la imitación, utilizando para ello su cuerpo. Por eso, este lenguaje sencillo, basado en el gesto, el cuerpo y el lenguaje no verbal puede ser tan interesante y tan fácil de utilizar en la primera infancia.

Como explica Ruth, se ha comprobado que la lengua de signos para niños no sólo no retrasa la adquisición del habla, sino que ayuda en el proceso.

Pero ninguna herramienta es buena o mala, sino adecuada o inadecuada en función de cómo y cuándo se utilice. Ruth no propone enseñarles conceptos complejos, palabras que no entienden o realidades ajenas a su vida cotidiana, sino mostrarles cómo nombrar objetos y acciones sencillas relacionados con su día a día, sus intereses personales y sus necesidades fundamentales. No se trata de estimular, acelerar o forzar ningún desarrollo o aprendizaje, sino ofrecerles un medio de comunicación a través del gesto que van a utilizar en función de su momento evolutivo.

Este libro es una propuesta, en primer lugar y sobre todo, para mejorar la sintonía con los bebés y niños, para facilitar que éstos puedan expresarse mejor y también para ayudar a los adultos a poner una mayor consciencia en la relación con ellos. Y en los tiempos actuales, esto es cada vez más necesario. Espero que lo disfrutes.

ISABEL FERNÁNDEZ DEL CASTILLO,
autora de *La revolución del nacimiento* y
La nueva revolución del nacimiento:
El camino hacia un nuevo paradigma

MUCHO MÁS
QUE UNA HERRAMIENTA COMUNICATIVA

Vivimos en una sociedad donde las necesidades de los niños y las niñas son poco consideradas. Poco a poco van cambiando algo las cosas, pero los bebés aún siguen naciendo en espacios hostiles, donde muchas veces son tratados con brusquedad y separados traumáticamente del cuerpo de su madre. Todavía pocos hospitales tienen espacios preparados para recibir al bebé como necesita: no se tienen muy en cuenta una temperatura y una luz cálida, sonidos bajos, los olores del ambiente… Por suerte, las cosas van cambiando paso a paso, aunque todavía queda mucho por hacer para ofrecer a las mujeres y a los bebés espacios amables para parir/nacer.

El bebé, cuando nace, sólo espera seguir pegado al cuerpo que conoce, ese cuerpo donde ha estado inmerso durante todos esos meses. Es el único espacio seguro que el bebé reconoce. Cualquier otro ámbito despierta en él un estado de ansiedad y alerta que pone en peligro su supervivencia. En el cuerpo de la madre es donde el bebé regula su temperatura, su ritmo cardíaco, su glucosa en sangre... Es su «hábitat natural», como bien designa el experto en neurociencia perinatal Nils Bergman.

Cuando, al nacer, separamos al bebé de su madre, estamos afectando irremediablemente el vínculo que se ha de generar entre ambos. La naturaleza ha previsto que la madre y su hijo estén juntos y se huelan, se miren, se reconozcan, se enamoren... Sin embargo, muchos hospitales continúan con un protocolo obsoleto que perjudica seriamente el vínculo entre mamá y bebé. Somos las únicas mamíferas que consentimos esa separación. Somos las únicas mamíferas que no reaccionamos cuando nos quitan a nuestra cría de los brazos nada más nacer, y esto tiene consecuencias en la estrechísima díada que forman madre e hijo.

Después nos toca lidiar con toda una serie de prejuicios y protocolos erróneos relacionados con la lactancia materna, porque en nuestra sociedad todavía tenemos que luchar a favor de ella. Sigue habiendo mucho personal sanitario que, sin tener conocimientos sobre lactancia, recomienda a las madres hacer cosas que las perjudican, como dar el pecho diez minutos de cada teta. Seguimos escuchando a nuestro alrededor muchos mitos en relación con este tema, como que la leche, pasado un tiempo determinado, no alimenta y se vuelve agua.

Y tenemos que enfrentarnos a miles de comentarios que coartan el impulso natural de la madre de ofrecer su cuerpo al bebé. Comentarios como: «No le cojas tanto en brazos, que se acostumbra»; «Déjale llorar, que es bueno para sus pulmones»; «Te está manipulando con el llanto»... En definitiva, vivimos en una sociedad muy desconectada de la infancia. Por desgracia, no se tienen en cuenta las opiniones, deseos e intereses de los más pequeños, simplemente porque en nuestra sociedad impera el «adultocentrismo».

Los niños tienen grandes capacidades, muchas más de las que pensamos, y personalmente creo que llegan al mundo profundamente ligados a su instinto, estrechamente conectados con sus necesidades. A poco que dediquemos un tiempo a observarlos nos daremos cuenta de ello. Pero el mundo adulto que nos rodea no tiene tiempo de detenerse a observar qué necesitan, y poco a poco vamos ninguneándolos o imponiéndoles nuestro mundo y nuestro ritmo sin tener apenas en cuenta el suyo.

Lo que yo recomiendo con el método que voy a explicar en este libro no es sólo usarlo como una herramienta que facilite la comunicación con nuestros hijos, sino utilizarlo como una forma de construir un verdadero diálogo con ellos, estando más presentes en su día a día, pasando más tiempo con ellos, escuchándolos y observándolos más, sin interrumpirlos, sin proponerles tanto, permitiendo que sean ellos los que tomen sus propias decisiones desde el principio en función de lo que sienten y necesitan en cada momento... De esta manera, nuestra relación será más sana y nos comprenderemos más y mejor; porque, en definitiva, son ellos los que están más conectados con la magia de la vida, algo que los adultos prácticamente hemos olvidado. Muchas veces, estando presentes y gracias a la observación, viviremos momentos mágicos donde conseguiremos ponernos en la piel de nuestros hijos y llegaremos a ver el mundo a través de sus ojos.

Mi experiencia personal con el uso de signos

Soy intérprete de lengua de signos española (LSE). Empecé a estudiar LSE en 1998, cuando hice un curso de iniciación en verano que me enganchó tanto que continué hasta formarme para trabajar en ello. En mi trabajo, y muy especialmente con personas afectadas de sordoceguera, veía cómo los padres y madres se comunicaban con sus hijos de una manera muy fluida. La relación que observaba entre ellos me llamaba la atención porque, aunque conocía bien el sistema comunicativo que utilizaban, me costaba a veces entenderlos, ya que tenían un vínculo y una comunicación muy familiar e íntima.

Fueron muchas las ocasiones en las que pude comprobar que los signos son una gran herramienta comunicativa para que los bebés y niños puedan comunicarse de manera eficaz, aunque realmente no fui consciente de ello hasta más adelante.

En 2004 mi hermana nos anunció su primer embarazo. Para mí fue muy especial ver cómo su tripa iba creciendo y su cuerpo iba creando vida. Fue mi primera experiencia real y cercana con la maternidad. ¡Mi propia hermana iba a ser madre! El primer bebé de la familia estaba por llegar. Por aquel entonces no había en mi entorno ninguna figura infantil y lo cierto es que mi sobrino Miguel fue el estímulo que me condujo a estudiar Educación Infantil. Me adentré de lleno en el mundo de la infancia y obtuve el título de educadora, al mismo tiempo que trabajaba por las tardes con personas sordas.

Fue una etapa de mucho trabajo, pero por fin llegó el final de mi formación y empecé a hacer prácticas en una escuela infantil de la Comunidad de Madrid. Mi experiencia comenzó en un aula con niños y niñas de dos a tres años. Ellos me enseñaron mucho. Lo que más me llamó la atención fueron las señales de frustración y enfado que aquellos pequeños mostraban en diversas ocasiones ante la dificultad de comunicarse con los adultos, o más bien ante la incapacidad de los adultos de entenderlos. Aunque la sociedad considera que los peques de esta edad ya deben hablar perfectamente, lo que yo observé fue que muchos de ellos aún no habían adquirido completamente el lenguaje y eran muchas las situaciones en las que esto provocaba malentendidos y problemas de comunicación que terminaban en frustraciones, tanto de los peques como de las personas adultas que los acompañábamos.

Aunque todos estos problemas comunicativos no dejaban de llamarme la atención, lo cierto es que no les hice todo el caso que merecían hasta que fui madre por primera vez. Esto ocurrió en 2009. Considero que mi proceso con la maternidad ha tenido mucho de autoformación, autoconocimiento e instinto. Investigué, me adentré en mí misma y leí muchísimo sobre embarazo, parto y crianza, antes, durante y después de mis propios procesos de gestación. Cuando me quedé embarazada de Nico ya tenía muy claro cómo quería llevar mi embarazo, con quién y dónde iba a parir y la forma en la que iba a criar a mi cachorro.

A raíz de una mala experiencia durante mi primera ecografía tomé la decisión de elegir el trato que, en lo sucesivo, quería recibir durante todo el proceso de mi maternidad, o más bien qué situaciones no quería que se volvieran a repetir. Ser madre hizo que el instinto se materializara y adquiriera un gran peso en mi vida. Todo ello me conectó bastante con las necesidades de mi bebé y, desde el principio, vi claro que él quería comunicarme muchas cosas, pero yo, sin embargo, no entendía con exactitud el amplio mundo que venía a mostrarme.

Durante los primeros meses fueron muchas las ocasiones en las que recordaba situaciones en las que había visto a madres sordas usando la lengua de signos para comunicarse fluidamente con sus bebés. También a menudo, como contrapartida, me venían a la memoria momentos de frustración, por dificultades comunicativas, vividos en la escuela infantil. Momentos distintos y contextos diferentes, pero al final todo se reducía a lo mismo: situaciones comunicativas, tanto positivas como negativas, protagonizadas por bebés, niños y niñas, que intentaban mostrar a las personas adultas lo que había en sus cabecitas. La diferencia estaba en si la persona adulta y el bebé tenían el mismo código comunicativo o no.

Fue así como me di cuenta de que quería ofrecer a mi bebé un código para poder entendernos, él y yo, y para que me pudiera indicar qué es lo que necesitaba en cada momento. Como tenía el recurso de la lengua de signos decidí empezar enseñándole alguno de estos signos, a ver si los entendía.

Los primeros signos que elegí, junto con mi compañero, fueron: *dormir, bañarse* y *comer*. Estas tres actividades estaban presentes en nuestra rutina diaria, por lo que teníamos muchos momentos al día para verbalizar estos conceptos acompañados de su signo correspondiente. Fue de esta manera como empezamos a utilizar los signos con nuestro bebé. Al cabo de un mes y medio, más o menos, y viendo que Nico empezaba a usar los signos relacionándolos directamente con el significado, fuimos incorporando mucho más vocabulario que pudiera interesarle: alimentos, animales, juguetes, objetos de la naturaleza, colores...

Emma signando *dormir*

De manera natural fuimos enseñando a Nico vocabulario de signos. Queríamos ofrecerle signos que estuvieran dentro de su etapa evolutiva y que fueran de su interés. Nuestra idea principal era que pudiera comunicarnos cosas relacionadas con sus necesidades básicas: un cambio de pañal, teta, un baño, dormir, algo de comer...

Palabras expresadas con sus manos que podía trasmitirnos de manera fluida y que a nosotros nos facilitaba mucho la crianza en el día a día. Al poco tiempo nos dimos cuenta de que su forma de comunicar había variado y que ya no sólo nos trasmitía lo que necesitaba, sino que también quería compartir con nosotros algo que le llamaba la atención, o que simplemente se le pasaba por la cabeza, algo que recordaba, algo que veía por la calle… De esta manera empezamos a aprovechar las distintas herramientas que nos facilitaba nuestra rutina diaria para potenciar el aprendizaje de los signos. También nos dimos cuenta de que, si bien al principio usaba los signos refiriéndose a sí mismo en primera persona (quiero *dormir*, quiero *manzana*…), al poco tiempo empezó a utilizarlos para referirse a realidades ajenas a sí mismo, «proyectándolos» hacia fuera, cambiando el sujeto y elaborando frases como:

El *gato* está *dormido*
La *abuela* está *contenta*
La *luna* es *blanca*…

Esto nos pareció un gran salto en su forma de expresarse y nos ofreció muchos momentos de diálogo con él.

En esta época de mi vida, y con la experiencia tan positiva en cuanto al uso de signos con mi primer hijo, fue cuando me empezó a rondar en la cabeza la idea de compartir con otras personas esta experiencia. De ahí surgió mi web: Otanana.com

Otanana empezó siendo una web con un breve contenido de signos para bebés y vídeos gratuitos sobre cómo enseñar a los bebés el vocabulario necesario para poder aprender este recurso desde casa. Con el tiempo ha ido creciendo conmigo y ahora el contenido es más amplio.

Llevo desde el año 2013 ofreciendo talleres para enseñar a familias y profesionales el uso de este bonito recurso, tan facilitador en la crianza. En mi primer libro, *Manos que cuentan* (Ob Stare, 2015), quise recoger mi «método» sobre el uso de signos en la vida diaria aplicado a la comunicación con bebés. En él ofrecía directamente mi propia experiencia: de hecho, me salió así porque fue de esta manera como lo hicimos con Nico. Con el tiempo, y después de años ofreciendo talleres a familias y profesionales, fui tomando nota de todas las dudas y cuestiones que iban surgiendo, de las diferentes dificultades que se presentaban a la hora de ponerlo en práctica, de sus usos más amplios (con niños más mayores de la edad que yo inicialmente proponía, con niños con problemas de aprendizaje…). Por este motivo, y por encargo de otra editorial, me lancé a escribir un segundo libro, más completo que el primero: *Lengua de signos para bebés* (Editorial Planeta, 2018). En él intenté recopilar todas y cada una de las dudas que se han ido presentando en mi camino, para dar respuesta a aquellas familias y profesionales que creen que los bebés tienen grandes cosas que contarnos y que sólo tenemos que prestar un poquito de atención para poder entenderlos y acompañarlos en su descubrimiento del mundo.

Después de un tiempo sin *stock* en las librerías me propusieron un relanzamiento desde editorial Ob Stare. Por esa bendita causalidad tienes este libro en tus manos. Este tercer libro es una recopilación más ampliada aún de *Lengua de signos para bebés,* usando mis propias fotografías para el vocabulario porque siento que son más comprensibles para su aprendizaje. Mi propósito es acercarnos con amabilidad al mundo de la infancia, a través de la observación, la presencia, la inocencia, el amor y esta bonita herramienta que nos ayuda a **mejorar el vínculo y la comunicación con los bebés y acercarnos a su mundo.**

Espero de corazón que os sirva tanto como me ha servido a mí con mis hijos.

Emma signando
globo

El vínculo

El bebé pasa muchos meses dentro del útero. Es lo único que conoce. Se vincula a la madre a través de los sonidos, el balanceo, el sabor del líquido amniótico, el flujo hormonal... Cuando nace, lo que espera es estar en el cuerpo de su madre. Es la persona que conoce, su espacio de seguridad. Lleva meses dentro de ella, impregnado de ella, escuchando el sonido de su corazón, mecido en su vientre... El lugar seguro para el bebé recién nacido es el cuerpo de la mujer que lo ha gestado. Es ahí donde va a poder encontrarse con ella y fijar su mirada en sus ojos, reconociendo su voz, su olor... La madre también necesita reconocer a su bebé, por eso es importante dejarles esas primeras horas en total tranquilidad donde puedan mirarse, olerse y enamorarse.

Actualmente, y desde hace décadas, abundan los estudios científicos que hablan sobre esto y son muchos los profesionales que han descrito la importancia de un ambiente seguro durante el parto y en las primeras horas del nacimiento del bebé, favoreciendo el contacto piel con piel entre madre e hijo para la creación de un vínculo sano.

Por citar algunos: Marshall Klaus, John Kennell, Frédérick Leboyer, Michel Odent, Nils Bergman...

> Tal vez ningún aspecto del parto convencional ha causado tanto malestar para madres, padres y bebés como la política de los hospitales de forzar la separación en el momento en que los padres más quieren y necesitan estar con su bebé. No existe ninguna razón médica para separar a un recién nacido sano de su madre.
>
> BÁRBARA HARPER, escritora

A los neonatólogos Marshall Klaus y John Kennell debemos la descripción del llamado «período sensitivo», esas primeras horas tras el parto que son fundamentales para la formación de un vínculo sano madre-hijo. También debemos agradecerles sus investigaciones sobre el beneficio que supone para la futura madre estar acompañada en el momento del parto por otra mujer que ya haya pasado por ese proceso.

En 1992 cofundaron DONA (Asociación de Doulas de Norteamérica), con el objetivo de dar a las madres soporte, tanto físico como emocional, durante el parto y el posparto. En su artículo «Madre e hijo: Los lazos emocionales tempranos», Marshall Klaus, profesor de pediatría de la Universidad de California, describía con precisión lo que ocurre en la primera hora de vida del bebé:[1]

1. Durante los primeros 30 minutos, el bebé descansa y mira a su madre de forma intermitente.
2. Entre los 30 y los 40 minutos, empieza a llevarse la mano a la boca generando saliva.
3. Momentos después empieza a empujar con sus piernas ayudándose del contacto piel con piel y a desplazarse hacia el pecho por el abdomen de la madre.
4. Cuando llega a la altura del esternón, empieza a mover su cabeza y a hacerla rebotar sobre el pecho de la madre.

---

1. www.serpadres.es/embarazo/tu-bebe/articulo/parto-como-nace-el-vinculo-entre-madre-e-hijo

5. Después mueve su cabeza de un lado a otro y cuando llega cerca del pezón, abre mucho su boca. Tras varios intentos, consigue engancharse al pecho.

Este proceso, que aquí se resume en cinco pasos, dura aproximadamente una hora. Es importante respetar los tiempos de la madre y del bebé, para que se lleve a cabo con naturalidad y sin interrupciones.

Una de las conclusiones más significativas sobre este período temprano es que si la madre quiere lactar y se le permite tener contacto temprano con su bebé, iniciar la lactancia durante la primera hora después del parto y compartir la habitación con su hijo, ella tendrá mucho más éxito que las madres que no han podido tener estas experiencias.

Dr. Marshall Klaus, neonatólogo, investigador y escritor

Frédérick Leboyer, obstetra francés, publicó en 1976 el libro *Por un nacimiento sin violencia.* En él se recoge por primera vez la experiencia del proceso del parto desde el punto de vista del bebé, donde él es el protagonista de su propio nacimiento y donde se tienen en cuenta sus vivencias, necesidades y emociones. Leboyer puso sobre la mesa el sufrimiento que experimentan los bebés cuando son extraídos del cuerpo de sus madres por personas ajenas y los sentimientos que en ellos genera su propio nacimiento. Puso mucha atención en los gestos de dolor que estos bebés expresaban y en sus movimientos de tensión y elaboró el «método Leboyer»[2] para que se aplicara en las salas de partos. Su objetivo era minimizar el trauma y las tensiones que el bebé claramente experimentaba en el momento del parto y durante su nacimiento.

En su método señala una serie de elementos que contribuyen a facilitar el proceso del parto: un ambiente armonioso y tranquilo, con luces tenues o casi a oscuras, sin ruidos, corte de cordón tardío…

Muchos de ellos, por suerte, son ya conocidos por muchas mujeres, que los incorporan en su plan de parto para ofrecerle a su bebé un

---

2. *Nacimiento sin violencia.* Documental realizado por Frédérick Leboyer y Pierre-Marie Goulet (https://vimeo.com/68196686).

ambiente más relajado a la hora de nacer, con los beneficios que esto aporta para la creación de un vínculo sano.

Michel Odent, médico obstetra francés, es uno de los mayores defensores del parto natural, entendido como el parto en el que menos intervenciones externas se realizan. Odent hace hincapié en la importancia del estado emocional de la madre durante la gestación, porque es determinante para la futura salud física y psíquica del bebé. Señala que el exceso de pruebas que se le practican a la madre durante el embarazo la someten a procesos de estrés y ansiedad innecesarios. Introdujo el concepto de «salas de parto», donde se intenta simular un ambiente tranquilo «como en casa».

Fue el primero en introducir una piscina de parto en una maternidad, así como un ambiente tranquilo donde la mujer tiene libertad de movimientos, entre otras cosas. Es fundador de Primal Health Research Databank,[3] cuyo objetivo es el estudio de las correlaciones entre el «período primal» de una persona —que abarca desde el momento de su concepción hasta su primer cumpleaños— y su salud y personalidad a lo largo de su vida. En su artículo «La hora siguiente al nacimiento: Dejen en paz a la madre» (publicado en español en la revista *Ob Stare*, n.º 9, 2003) aboga por algo tan sencillo como dejar a la mujer parir en paz y permitir que se establezca el vínculo madre-hijo naturalmente y sin interferencias, un vínculo de enorme importancia para ambos. En esas primeras horas después del parto se produce un cóctel neuroquímico irrepetible y cualquier interferencia puede alterarlo.

> Estoy seguro de que el mundo entero querría y debería arrestarme si le hago a cualquier animal lo mismo que se les hace a las mamás humanas cuando dan a luz, esto es: llevarse a sus hijitos lejos de ellas y meterlos dentro de una caja donde pueden verlos, pero no pueden tocarlos ni abrazarlos.
>
> Dr. Bradley, obstetra

---

3. Las investigaciones y estudios promovidos por esta asociación pueden consultarse en su web: www.primalhealthresearch.com/

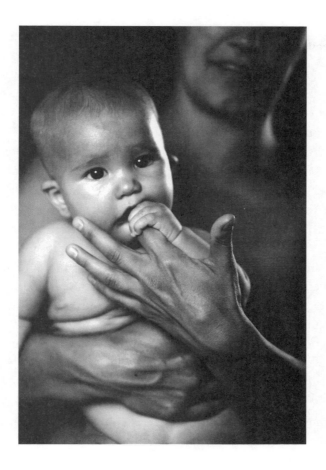

En la mayoría de las clases de preparación al parto se hace mucho hincapié en el momento del parto en sí, pero apenas se habla de la importancia de las horas que siguen al nacimiento, siendo éstas fundamentales para generar un vínculo sano. Tampoco se tienen mucho en cuenta los procesos emocionales del posparto y suelen dejarse a un lado tanto lo relacionado con el puerperio como la necesidad de apoyo durante la crianza de nuestros hijos.

La hormona clave implicada en la fisiología del parto es, sin lugar a dudas, la oxitocina. Es la responsable de las contracciones del útero durante el trabajo del parto, en el momento de la expulsión de la placenta y también en el reflejo de eyección de la leche materna. Es la misma hormona que segregamos cuando hacemos el amor o cuando estamos disfrutando de una entrañable velada entre amigos. En resumen, es la «hormona del amor». Justo después del nacimiento del bebé, y antes de expulsar la placenta, es cuando las mujeres tenemos la capacidad de alcanzar los niveles más altos de oxitocina en sangre que se pueden tener en la vida. La sabia naturaleza así lo ha previsto para hacer que nos enamoremos de nuestra cría y nos comprometamos en su cuidado. De otra manera quizá ya nos habríamos extinguido…

Durante el parto generamos otras sustancias, como las endorfinas, llamadas «moléculas de la felicidad». Su ausencia, o un bajo nivel de ellas en el cuerpo, dan lugar a una sintomatología depresiva y ansiosa. En el parto juegan un papel importante, ya que inhiben el dolor. También están presentes en nuestra vida cuando nos reímos, cuando hacemos el amor, practicamos deporte, mientras descansamos o cuando nos relajamos con un buen masaje… En definitiva, están relacionadas con el bienestar y en el parto son las encargadas de que sobrellevemos las contracciones y podamos descansar entre una y otra, llegando incluso a quedarnos dormidas entre medias.

En la hora siguiente al parto generamos prolactina, la llamada «hormona de la maternidad», que es responsable de la subida de la leche y que se complementa perfectamente con la oxitocina.

Sabemos que en la primera hora tras el parto se da un escenario neuroquímico irrepetible.

SARA JORT, psicóloga perinatal

Todas estas sustancias, y unas cuantas más, son las que genera el propio cuerpo de una mujer en un parto fisiológico. Pero ¿qué pasa cuando el parto es intervenido y medicalizado? Cuando se inyecta oxitocina sintética, o syntocinón, el cuerpo de la mujer deja de producir oxitocina endógena, lo que irremediablemente interfiere en la producción de las hormonas asociadas a la oxitocina natural.

Esta manipulación del proceso natural del parto repercute también negativamente en la creación del vínculo madre-hijo, pues la medicalización a la que es sometida la madre inhibe el cóctel hormonal del que también debería beneficiarse el bebé.

¿Y qué pasa cuando el bebé nace? Nils Bergman, experto en neurociencia perinatal, afirma que «la separación madre-bebé después del parto y durante el primer período crítico (incluso con grandes prematuros) crea un estrés tóxico que provoca cambios hormonales, metabólicos y cognitivos que afectan a la salud y a la duración de la vida» y que «los mil primeros minutos de vida determinan la salud y el desarrollo para toda la existencia».[4] Por este motivo recomienda que los bebés permanezcan en contacto ininterrumpido con sus madres, piel con piel, nada más nacer. Como también dice Bergman, «el hábitat del recién nacido es el cuerpo de su madre».

Su trabajo con bebés prematuros, desarrollado durante años, le lleva a afirmar que «los bebés prematuros no están en las incubadoras porque estén inestables, sino que están inestables porque están en las incubadoras». De hecho, se ha comprobado que existen grandes diferencias en el desarrollo cerebral, físico, emocional y social entre los bebés que han estado en una incubadora y los que han podido disfrutar de los cuidados canguro. Todo esto afectaría al vínculo también y podría dejar secuelas.

4. Entrevista a Nils Bergman publicada en *La Vanguardia*, 3/04/2014 (www.lavanguardia.com/lacontra/20140403/54404666955/los-mil-primeros-minutos-de-vida-determinan-la-existencia.html).

Está más que demostrado que los bebés que nacen en un ambiente tranquilo son más estables y se sienten más seguros y protegidos. El vínculo, por tanto, se ve afectado por la forma de nacer y esto puede perjudicar el desarrollo cerebral del niño, su salud en general y también la salud de la madre.

Como seres humanos que somos, tenemos una gran capacidad de resiliencia y adaptación a las circunstancias de vida. Todo lo vivido puede ser reestructurado para una mejor calidad de vida. Los signos, usados como herramienta comunicativa en edades tempranas, ayudan a mejorar ese vínculo que, en determinadas circunstancias, puede haberse visto alterado. Cuando el nacimiento y los primeros momentos de vida extrauterina se han desarrollado en condiciones óptimas, el uso de signos contribuye a mantener un vínculo saludable.

Vivimos en una sociedad que nos vende unos valores bastante irreales. Nuestros referentes en televisión, revistas, redes sociales y medios de comunicación están distorsionados y no se corresponden con la realidad a la que nos enfrentamos al ser madres y padres. Salvo raros casos, carecemos de una «tribu» que nos arrope y solemos vivir aislados, solos o en pareja. Esto hace que nos resulte más difícil sobrellevar algunas situaciones, que además no vemos con naturalidad porque carecemos de referentes de crianza inmediatos que nos ayuden en el duro día a día. Socialmente no hay muchas ayudas a la maternidad/ paternidad, por lo que apenas transcurridas unas pocas semanas desde el parto tenemos que afrontar la decisión de incorporarnos a nuestro trabajo o quedarnos con nuestro bebé, que nos necesita tanto como nosotras a él. Nuestra vida cotidiana no tiene nada que ver con lo que sale en las revistas o lo que vemos en las pantallas. Muchas de nosotras nos encontramos con que dormimos poco y mal, nos duele la espalda, comemos lo que podemos y cuando podemos, nos duchamos a toda prisa, estamos todo el día con la teta fuera… Estas situaciones, y las demandas de un bebé que nos necesita 24 horas al día, hacen que el cansancio nos domine y nuestra paciencia se resienta en no pocas ocasiones.

El uso de signos como herramienta comunicativa en la primera etapa de crianza es muy positivo porque nos facilita enormemente al permitirnos estar más conectadas con nuestro bebé. Muchas de las veces que le escuchamos llorar sabremos el motivo de su llanto de primera mano, sencillamente viendo cómo él mismo nos lo dice usando sus pequeñas manos. Así podremos ir al paso, de una manera más tranquila, tanto de sus emociones como de las nuestras. Los signos simplemente aportan un código que permite la comunicación, haciendo comprensibles para todos los que lo comparten (madre, padre, familia…) toda una serie de mensajes, básicos tal vez, pero fundamentales en el día a día, y de este modo los momentos de frustración disminuyen. Por eso esta herramienta que propongo puede ser de gran ayuda en los primeros años.

Historia del baby signs

Después de ver lo que nos facilitaba la vida el uso de signos con nuestro propio bebé, empecé a investigar un poco para ver si había algo más de información al respecto. Con la idea de crear la web me informé bien y descubrí que este método ya llevaba años utilizándose con éxito en otros países.

A mediados de la década de los ochenta del pasado siglo, y prácticamente de forma simultánea, el doctor Joseph Garcia, especialista en desarrollo infantil, por un lado, y las profesoras Linda Acredolo y Susan Goodwyn, por otro, descubrieron que el uso de signos puede ayudar a los bebés a comunicarse mucho antes de que empiecen a hablar. Joseph Garcia, que entonces estudiaba para ser intérprete de lengua de signos, observó que los bebés de padres sordos se comunicaban muy pronto de forma fluida, y antes que los hijos de padres oyentes, independientemente de si ellos mismos eran sordos o no.

Estos niños estaban acostumbrados a los signos desde bebés, ya que era la comunicación que se utilizaba en sus casas cotidianamente, y por eso los usaban de manera natural. Joseph escribió su tesis, donde explicaba los beneficios de los signos utilizados como herramienta comunicativa en bebés oyentes. En 1999 se publicó la primera edición de su libro, *Sign with your baby: How to communicate with infants before they can speak.*[5]

---

5. Northlight Communications, 1999.

Por la misma época, las profesoras Linda Acredolo y Susan Goodwyn dirigieron un estudio financiado por el National Institute of Child Health and Human Development de Estados Unidos.

En este estudio, que duró dos décadas (1982-2003), se analizaron los beneficios que comportaba el uso de signos como herramienta comunicativa, tanto para los bebés como para sus familias. En el estudio participaron 140 familias y se comprobó que los bebés que habían usado signos desde edades tempranas tenían un vocabulario más amplio y un desarrollo verbal cuatro o cinco meses más adelantado que otros bebés que no usaban este recurso. Observaron que los bebés que usaban signos construían frases más elaboradas, su vocabulario era más amplio y su forma de comunicar más fluida y concisa. A edades más avanzadas la diferencia era aún mayor, viéndose que niños y niñas de 36 meses, que habían usado gestos o signos, hablaban como niños más mayores, de unos 47 meses. Como fue un estudio tan prolongado se pasaron test de inteligencia a estos mismos niños años más tarde. Las doctoras vieron que los niños de ocho años que habían usado los signos en edades tempranas puntuaban ocho puntos por encima de los que no los había usado.

Acredolo y Goodwyn anotaron más beneficios aparte de la mejora en la comunicación. Entre los más destacables se encuentra el que el uso de signos reduce la frustración y el comportamiento agresivo de los niños, mejora el vínculo entre la persona adulta de referencia y el bebé, mejora la seguridad y la confianza, permite compartir lo que tienen en la cabeza, desarrolla la autoestima...

Lo que querían demostrar era que los bebés están preparados para comunicar desde mucho antes de poder hablar debido a que su aparato fonador se lo impide. Mucho antes de esto, los bebés pueden manejarse a nivel psicomotriz y muscular y son capaces, alrededor de los siete, ocho o nueve meses, de realizar gestos o signos, relacionándolos con su significado, antes de poder coordinar los movimientos de sus labios, su lengua, su mandíbula y sus cuerdas vocales para pronunciar palabras.

Tanto Garcia como Acredolo y Goodwyn crearon métodos para enseñar a los bebés gestos para que pudieran comunicarse.

Joseph Garcia usaba los signos de la lengua de signos americana (ASL: American Sign Language). Linda y Susan escribieron *Baby Signs:*

How to talk with your baby before your baby can talk[6] con gestos inventados y adaptados especialmente para bebés y niños.

Son ya varios los lugares que han adaptado el Baby Signs a la lengua de signos que se utiliza en el país. En Francia usan la *langue des signes française* (LSF), en el Reino Unido usan la *british sign language* (BSL); en Australia, la *australian sign language* (AUSLAN)... En España yo propongo los signos de la lengua de signos española (LSE). Realmente no es tan importante qué signos usemos si nuestro objetivo es mejorar el vínculo y la comunicación. Si bien es cierto que los signos están relacionados con nuestra cultura, nuestra expresión no verbal y el movimiento que realizamos con nuestro cuerpo al hablar, por lo que facilita, muchas veces, que los signos que usemos sean los de nuestro entorno porque es más fácil en muchas ocasiones el aprendizaje de éstos y su asimilación.

Comer en lengua de signos española (izqda.) y en algunos países de Oriente (dcha.)

---

6. The McGraw-Hills Companies, 2009.

Te quiero en lengua de signos
española (izqda.) y en lengua de
signos americana (dcha.)

Aprendizaje de la lengua oral

El desarrollo de la comunicación oral es muy complejo. La interacción primero, y más adelante la expresión y comprensión de la lengua, conlleva todo un proceso de aprendizaje donde el niño irá pasando por diferentes etapas en las que irá desarrollando la pronunciación, la exposición de un pensamiento, la escucha, la atención, la comprensión, la lectura… Esto le servirá más adelante para desarrollarse en otras áreas. La comunicación es necesaria en el ámbito humano. Nos desarrollamos y crecemos gracias a nuestra capacidad de expresión y comprensión de todo lo que nos rodea.

34

Los bebés disponen de diferentes maneras para expresarse desde que nacen. Además, a través de su cuerpo nos dan mucha información de cómo se encuentran. La temperatura, el ritmo cardíaco o el color de su piel nos pueden dar mucha información sobre cómo están. La expresión de su rostro también nos puede mostrar si se sienten a gusto o hay algo que les produce asco, bienestar, miedo, gracia…

El llanto es una de las maneras más eficaces que tienen para comunicar y transmitir sus necesidades y emociones, ya que su supervivencia está en juego. También usan gestos y balbuceos desde el principio para comunicarnos sus intereses, emociones…

El desarrollo del lenguaje del bebé en los primeros meses de nacido tiene dos etapas: la etapa prelingüística y la lingüística. La etapa prelingüística se refiere a la no verbal, es decir, es la etapa donde el bebé aún no tiene adquiridas las palabras y se comunica a través de sonidos, balbuceos, gorjeos, sonrisas, llantos… Dura aproximadamente hasta el año de vida. Depende mucho de cada bebé, aunque como aproximación es una buena referencia saber que se da hasta alrededor de los 12 meses. Estas señales comunicativas nos dan información del estado de ánimo del bebé, de cómo se encuentra a nivel emocional y de cuáles son sus necesidades básicas: comer, sentirse seguro a través del contacto físico, dormir, necesitar un cambio de pañal, sed, querer coger algo…

Poco a poco el bebé empezará a distinguir los sonidos de su entorno y comenzará a imitarlos, sobre todo los de sus figuras de apego. Empezará a distinguir las entonaciones de la madre y el padre para diferenciar si quiere expresar alegría, enfado, miedo, sorpresa… Mientras tanto, sigue practicando el balbuceo, perfeccionando su intencionalidad y relacionándolo con un significado concreto. El balbuceo les sirve para comunicar emociones y estados de ánimo y es una muy buena manera de ejercitar los músculos faciales y el aparato fonador para la posterior aparición de las palabras.

En esta práctica van a empezar los primeros juegos de interacción donde el bebé balbucea y la persona de apego responde y le da sentido a lo que el bebé acciona con sus vocalizaciones. Estos juegos se irán ampliando con los meses y empezará a perfeccionarlos creando repeticiones que darán lugar a sus primeras palabras con significado: mamá, papá, nene, caca… y otras muchas que irán mejorando con la práctica.

El niño seguirá imitando los sonidos de su entorno y las primeras palabras no tardarán en aparecer, al principio a su manera, por ejemplo, dirá «aba» para referirse a agua o «nana» para decir manzana. Finalmente, esas primeras palabras construidas de una forma determinada darán lugar a las palabras tal y como se las verbalizamos.

A lo largo de este proceso podemos introducir los signos como herramienta comunicativa. Ya hemos visto que los bebés se comunican desde el principio. A través de sus interacciones: balbuceos, llanto, sonrisa, expresión facial… nos intentan comunicar lo que sienten o necesitan.

Ya desde el útero, el oído en desarrollo del bebé detecta los sonidos y las vibraciones que emite su madre. Después de nacer, los bebés son capaces de identificar perfectamente la voz de su madre y, de hecho, la prefieren entre otras voces femeninas que no conozcan. De ahí la importancia de hablar constantemente a los bebés, y en tonos agudos, mejor que graves. De manera muy temprana empiezan a imitar gestos, tanto de la cara como del cuerpo. Casi todos relacionados con las emociones: como dar palmitas, sonreír, lanzar besos, poner caras...

Mostrarles signos a los que les aportamos un significado les da la oportunidad de poder expresar de manera concreta lo que necesitan en un momento determinado. Simplemente **a través de los signos les ofrecemos la oportunidad de emplear un mismo sistema de comunicación en el que las dos partes podamos comprendernos.** Al igual que el dar palmas se convierte en un gesto con el que expresamos nuestra alegría cuando algo nos ha salido bien o nos gusta, también podemos ampliar muchísimo el vocabulario para expresar con signos pactados cualquier objeto, acción, emoción o pensamiento que queramos.

Al ser una herramienta comunicativa que no sustituye al habla, es importante que ofrezcamos el recurso de los signos **acompañándonos siempre de las palabras.** Además, las palabras son precisamente las que nos ayudan, en parte, a que el bebé relacione el signo con aquello que le nombramos.

¿Por qué usar signos para bebés?

Ya hemos visto que los bebés se comunican desde el principio, y cuando nacen, su cuerpo nos da una información muy valiosa sobre cómo se encuentran. A través de su temperatura, de su color, de sus muecas, de una sonrisa en su boca, de un llanto determinado que se diferencia de otro... Todos éstos son signos que nos aclaran bastante si estamos atentos y presentes. Según van pasando los meses, el bebé va aprendiendo e imitando gestos que ve en sus figuras de referencia y su comunicación se va ampliando de manera rápida y eficaz.

Es cuando empiezan los primeros balbuceos, las miradas atentas, los movimientos de pies y manos...

Los bebés son grandes imitadores. Es así como van integrando y forjando su aprendizaje de forma natural. Llega un momento en el que empiezan a usar sus manos para imitar gestos que están presentes en nuestra sociedad. Gestos como decir «hola» o «adiós» con la manita, lanzar un beso para despedirse de la abuela, alzar los brazos para pedir que le cojan, dar palmas para mostrar su alegría, hacer el gesto de guardar silencio… Son signos que están asociados a una acción determinada y contienen un significado claro para el bebé. A partir de ahí es un buen momento para mostrar signos de la lengua de signos. Simplemente es mostrar al bebé que hay muchos otros gestos con otros muchos significados diferentes y que con sus manos puede comunicar lo que necesite con un código que vamos a utilizar en común: los signos.

El uso de signos facilita enormemente la comunicación. Como he dicho anteriormente, los bebés se comunican desde el principio, pero como no nos dicen las cosas a través de las palabras, a las personas adultas nos cuesta mucho entender lo que nos quieren decir. Muchas veces la sensación es la misma que si habláramos dos idiomas diferentes. Los signos son una herramienta que funciona como un puente entre el idioma de la persona adulta y el idioma del bebé. De esta manera podemos comprendernos de una manera más rápida y no genera tanta frustración ni en nosotros ni en ellos.

Muchas personas me han comentado que a ellas no les hacían falta los signos porque entendían las diferentes demandas del bebé.

A través del llanto, por ejemplo, sabían si el bebé tenía pis o hambre. Profundizando en la conversación con estas personas, ellas mismas me confesaban que la comunicación al final se quedaba en necesidades muy básicas y que había momentos en los que sabían que el bebé tenía hambre, pero no sabían con exactitud qué quería comer y todo lo que le ofrecían recibía un manotazo y un enfado inmediato. Y es cierto que los bebés están muy conectados con su instinto, y no es lo mismo que pidan comer una naranja porque necesiten vitamina C o que pidan un trozo de pan porque necesiten carbohidratos, por ejemplo. Al final, el bebé tiene hambre, sí, pero ¿qué necesita comer exactamente? Los signos para estas situaciones, al igual que para otras muchas, son muy útiles, rápidos y facilitadores.

Además de que los bebés puedan expresar sus necesidades básicas, los signos para bebés nos sirven también para que desarrollen su comunicación antes de tener adquirido el lenguaje. Y es que a través de los signos nos pueden contar cómo ven el mundo a través de sus ojos, lo que piensan, lo que opinan, lo que prefieren, lo que recuerdan, lo que sueñan… Para mí, ésta es quizá la parte más bonita y mágica de todas, donde podemos realmente conocer en profundidad el mundo interior de los niños y ponernos en su piel.

BENEFICIOS DEL USO DE SIGNOS CON BEBÉS

Víctor diciendo *burro*. Fotografía de Damià Rotger

Las ventajas del uso de signos que podemos observar en bebés son muchas. También existen enormes beneficios para las personas que los acompañamos.

En primer lugar, el empleo de signos **fortalece el vínculo afectivo** que existe entre la persona adulta y el bebé. Para mí, ésta es la mayor de las ventajas. Por desgracia, vivimos en una sociedad donde el vínculo está bastante roto. La forma de nacer influye bastante en este vínculo. En algunas ocasiones, cuando un parto se ve envuelto en mucha medicalización e intervenciones innecesarias; cuando, por circunstancias ajenas a nosotras, se produce una separación mamá-bebé; cuando el bebé pasa horas en la incubadora; cuando el bebé pasa las primeras horas separado del cuerpo de la madre por las circunstancias que sean, se produce un daño importante en el vínculo afectivo. Los signos ayudan a restablecer ese vínculo cuando se ha visto afectado por agentes externos. También ayudan a mantener un vínculo sano cuando no ha habido interferencias al principio.

La maternidad es una etapa preciosa de la vida donde podemos crecer y aprender muchísimo del gran maestro que tenemos por hijo. Como ya hemos visto, vivimos en una sociedad donde se ha perdido el espíritu tribal. Criamos prácticamente solas y el entorno no nos ayuda a la hora de cubrir nuestras necesidades, que es lo primero que precisamos para poder encargarnos de cuidar. Las bajas de maternidad y paternidad son irrisorias, los apoyos gubernamentales, estatales, locales... son casi nulos. Al poco tiempo de nacer nuestro bebé tenemos que decidir si incorporarnos al mundo laboral, dejando a nuestros hijos a cargo de otras personas, o quedarnos en casa a su cuidado sin remuneración. Si decidimos volver, al final trabajamos para pagar a aquellas personas que cuidan a nuestros hijos. Todo esto es un poco ilógico. No existe una conciliación real. Esta situación se traduce en que nos vemos envueltas en una dinámica de vida donde las prisas, el estrés y el cansancio son predominantes. A todo esto se suma que estamos en pleno puerperio, la primera crianza o la segunda/tercera..., y no dormimos del tirón, no descansamos suficiente... Por lo que muchas veces no podemos responder a las demandas de nuestro bebé como se merece y nuestra paciencia, presencia y atención se ven afectadas. Los signos nos ayudan simplemente porque mejoran la comunicación de manera considerable y eso evita un sinfín de momentos que podrían acabar en frustración.

La frustración es una vía que utiliza el bebé para enfrentar las situaciones y aprender de ellas. Está presente en todos los bebés y gracias a ella pueden superar las dificultades y aprender, mejorar o perfeccionar eso que les provoca tal estado de incomodidad por no poder alcanzarlo. Gracias a ella el bebé se va a voltear o va a mejorar el gateo para alcanzar eso que quiere alcanzar, o se va a poner de pie para llegar antes adonde desea. Y lo va a conseguir porque va a aprender a superar esos momentos que le provocan tanta frustración y desasosiego. Pero muchas de las frustraciones con las que nos encontramos en los primeros años de la infancia están relacionadas con la no comprensión de lo que nos están demandando a gritos. La sensación es, a veces, como si habláramos idiomas diferentes. Por eso los signos son tan efectivos en esas situaciones, simplemente por el hecho de que aunamos el código comunicativo y nos entendemos a la primera y no después de intentar averiguar, una y otra vez, lo que nuestro bebé quiere, necesita o siente.

A todos nos gusta que nos entiendan a la primera. Seguro que te has sentido mal en muchas ocasiones por tener que repetir varias veces algo que estás nombrando claramente. Seguro que te has visto envuelto en miles de malentendidos a pesar de creer que te expresabas con claridad. Y, aun así, la persona que tenías delante había interpretado tu mensaje de otra forma. Esto está muy relacionado con la escucha en el mundo adulto. A lo que quiero llegar es a que si para nosotros, las personas adultas, ya es complejo el mundo de la expresión-comprensión que engloba la forma de comunicación teniendo el mismo código, ¡imaginaos cómo es cuando el bebé todavía no ha adquirido el lenguaje! Claro que el bebé dice lo que quiere, lo que necesita, lo que siente, lo que le interesa… Lo dice desde el principio. Ya desde el útero se expresa. El problema es que muchas veces nos cuesta interpretarlo correctamente. Otras veces lo vemos claro demasiado tarde, cuando el proceso de frustración ya está en marcha y es imparable. Los signos hacen que este proceso de incomprensión no se dé, y esto produce en el bebé muchísima seguridad y se siente confortado. Al sentirse comprendido se siente bien y no entra tan a menudo en la fase de enfado por hacerse entender. En las personas adultas que los acompañamos se produce la misma sensación. Al encontrar un sistema que nos permite entendernos mejor, los momentos de disfrute aumentan realmente y podemos sobrellevar de otra manera todo el cansancio relacionado con esta etapa. En definitiva, **la comunicación mejora de forma bidireccional** y las dos partes nos sentimos más confiadas, alegres y seguras. Esto genera una complicidad muy fuerte entre la persona adulta y el bebé.

Todo esto que os he ido nombrando **afecta positivamente en la autoestima del bebé,** ayudándole en la formación del yo y a sentar las bases de la empatía que se irá elaborando poco a poco según vaya creciendo. Como consecuencia, y en relación con todo esto, podemos sacar otro beneficio importante del uso de signos, como ya vieron en su momento Susan Goodwyn y Linda Acredolo, y es que **el uso de signos reduce la frustración y el comportamiento agresivo de los niños.**

Otra de las grandes ventajas de usar signos como herramienta comunicativa es que **estimulamos el desarrollo de la lengua oral.** Como ya se vio en los años noventa en el estudio que estas investigadoras realizaron para el National Institute of Child Health and Human Development,[1] los signos no son un impedimento para adquirir el lenguaje. Éste es uno de los grandes cuestionamientos que me han hecho durante estos años en relación al método. En este estudio las conclusiones fueron claras, el uso de signos no interfiere negativamente en la adquisición del habla y además con su uso estimulamos su aprendizaje. Es importante hablarles siempre mientras les hacemos el gesto. Hay que recordar que los signos son un recurso comunicativo que no sustituyen al habla. Simplemente los usamos para crear un código común en el que entendernos, pero en cuanto aparecen las palabras, de manera natural, los signos ya no nos son de utilidad y el propio niño deja de usarlos.

El mismo estudio reveló años más tarde que los niños y niñas que habían usado el recurso gestual para comunicarse tenían un desarrollo cognitivo algo mayor. Esto se comprobó a través de test de inteligencia. Susan Goodwyn y Linda Acredolo anotaron que con ocho años, los niños y niñas que habían usado un sistema gestual para comunicarse sacaban ocho puntos por encima de los que no lo habían usado. Realmente yo no valoro mucho los test de inteligencia porque creo que pueden contener grandes errores y no me parece que sean válidos para todas las personas por igual. En todo caso, el dato está ahí. Para mí este recurso tiene una gran importancia aquí y ahora, es decir, es un método para facilitarnos la comunicación y el vínculo con los bebés y niños en el momento de crianza de los primeros años. Si, efectivamente, a largo plazo observamos beneficios, como que repercuta en su inteligencia o que tengan facilidad para

---

1. «Impact of Symbolic Gesturing on early Language Development», *Journal of Nonverbal Behavior* 24(2), junio de 2000.

aprender lenguas nuevas, pues será estupendo, pero a mí me gustaría recalcar la importancia de quedarnos con lo que nos sirve en nuestro momento presente.

Izarbe signando *pequeño*

Al usar sus manos para imitar los signos, los bebés desarrollan la psicomotricidad fina. Es muy bonito ver cómo el signo va evolucionando al igual que lo hacen sus primeras palabras. Al principio nos mostrarán el signo a su manera y poco a poco irán perfeccionando la forma de hacerlo hasta colocar sus pequeñas manos posicionando sus dedos con configuraciones que pueden parecernos complicadas de realizar al principio.

También **desarrollan el control del espacio y la atención visual,** tan importantes para la concentración.

Emma con 17 meses concentrada montando piezas pequeñas

Probablemente con su uso os deis cuenta de otras muchas ventajas, como que es divertido introducir la comunicación gestual en la rutina, y experimentéis multitud de situaciones mágicas que serán difíciles de borrar de vuestra memoria. Os dejo descubrirlo por vosotros mismos.

Signando nuestro pequeño mundo. Relato de Rosa

Por casualidad, durante el embarazo había leído sobre el uso del lenguaje de signos en bebés oyentes como forma de poder relacionarnos con ellos a una edad temprana y decidí intentarlo con nuestra hija cuando ella tenía nueve meses. Hace ya dos años que empezamos nuestra aventura en el mundo del lenguaje de signos y ha sido como un sueño que toca a su fin. Ahora que Izarbe ya habla por los codos, esta etapa está terminando y podemos valorar de forma global nuestra experiencia.

Para empezar, sólo le enseñé los cuatro signos que me parecían básicos para ella: *teta, comer, dormir* y *bañarse*. Tras dos meses, Izarbe signó *teta* por primera vez, lo fue signando cada vez con más frecuencia, y más tarde también signó *dormir* y *bañarse*.

Luego comenzó una etapa muy distinta en la que debía ir incrementando el vocabulario a su ritmo, de forma que fuera entendiendo tanto la nueva palabra como que éste era un tipo nuevo de comunicación. Primero fuimos despacio, signando dos o tres palabras nuevas, y una vez incorporadas íbamos a por otras. Al poco tiempo devoraba las nuevas palabras y con signarlas pocas veces ya las aprendía y quería más.

El lenguaje servía para signar nuestro pequeño mundo y era único: una mezcla de lengua de signos española (LSE), de signos inventados por mí antes de aprenderlos en la LSE y de signos inventados por Izarbe, que tiene mucha imaginación. Como yo no conocía la LSE fui aprendiendo los signos que quería enseñarle gracias a los vídeos de Otanana, que me resultaron una herramienta imprescindible. Y a mi marido se los fuimos enseñando a medida que los íbamos usando.

Izarbe terminó signando más de 130 palabras mediante 116 signos distintos. En muchos casos decidió usar el mismo signo para dos palabras, o incluso tres, como para *bailar, coche* y *música,* así que los deducíamos según el contexto. Y también a la inversa, tenía varios signos para la misma palabra, como en el caso de *pequeño.* Algunos signos nunca los signó, como *jugar,* seguramente porque no los necesitaba. Otros los aprendió, pero no le gustaba cómo se los enseñé y los cambió, como *piedra.* Y muchos otros se los inventó y nos los enseñó ella a nosotros, como *pompa de jabón* o *huevo,* pues eran necesarios para sus relatos. Unos los aprendió a signar muy rápido, como *pelota* o *pegatina,* y otros menos, como *silencio,* dependiendo del interés que despertaban en ella. Unos los signó de principio a fin y otros los dejó de signar muy pronto, como *teta.* Pero lo más interesante fue que terminó haciendo frases complejas concatenando signos, hasta tal punto que muchas veces su padre me decía que le tradujese. ¡Y es que se perdía en nuestras conversaciones con tanto vocabulario!

Por supuesto, Izarbe siempre se sintió a gusto con el lenguaje de signos, lo que permitió que desde los 11 meses nos comunicásemos con ella de una forma muy amplia, inimaginable para mí cuando decidí emprender esta aventura. Ése era mi principal objetivo y se cumplió con creces; el día a día era mucho más llevadero. Y ahora hay muchas anécdotas que contar, como cuando al oír tocar un saxofón viejo dijo que hacía ruido, que dejase de tocarlo y lo tirase a la basura (yo no fui tan explícita cuando se lo traduje al profesor de música…). O cuando teníamos largas conversaciones sobre las ovejas y sus corderitos, si una madre tenía la ubre bien y con suficiente leche o si teníamos que ordeñarla, o poner el cordero a tetar, o preparar el biberón y cómo prepararlo, y si el corderito o su madre tenían pupa, y dónde y por qué, y cómo los teníamos que curar y cuándo lo hacíamos…

Izarbe ha optimizado al máximo este recurso comunicativo y eso, unido al hecho de que es bilingüe, ha permitido que sea muy ágil mentalmente. De esto nos hemos ido dando cuenta gracias a sus reflexiones, que son rápidas y profundas, poco acordes con su edad. Por otro lado, el exprimir tanto la comunicación no verbal ha implicado que sea muy expresiva, ya no sólo por lo que cuenta, sino por su lenguaje corporal, que es muy rico y tampoco se corresponde con su edad. Y otra cosa que también cabe destacar es su habilidad en lo referente a la motricidad fina, ya que siendo tan sólo un bebé era capaz de manipular con mucha destreza piezas muy pequeñas o hacer trazos finos con las pinturas.

No podemos valorar si el lenguaje de signos facilita el habla, porque Izarbe es bilingüe y eso sí que está demostrado que retarda el proceso, aunque conlleva muchos otros beneficios. Personalmente creo que el lenguaje de signos debería ser positivo para el habla, porque al tener que explicar muy bien los signos, repitiendo varias frases en contexto cada vez que se enseña uno nuevo, lo que haces es incidir indirectamente en el vocabulario del bebé. Lo que sí puedo decir es que en cuanto Izarbe ha empezado a hablar, el hecho de saber signar no ha impedido que cada vez hable más y mejor, dejando los signos sólo para determinadas ocasiones, tal y como debe ser en una niña oyente.

Hace ya un tiempo que hemos entrado en una etapa nueva, la de hablar, y al igual que pasaba con el lenguaje de signos: ¡es que no calla! Ha dejado de signar la mayoría de signos, pero algunos los mantiene, como el de *dolor,* quizá porque se siente más cómoda expresándose como siempre. Y cuando hay gente extraña y prefiere no hablar con su voz entonces nos habla con sus manos.

Todo lo que nos ha aportado esta experiencia ha sido positivo. Para nosotros, por poder evitar la frustración de no entender a un bebé que todavía no podía hablar ¡Pero sí pensar! Y para ella, por poder contarnos sus cosas de forma muy concreta, además de por todos los beneficios mencionados. Y sólo con la contrapartida de tener que aprender a signar las palabras que le quería enseñar, es decir, a cambio de un esfuerzo mínimo.

Me consta que ya están enseñando a signar a varios niños y niñas oyentes gracias a nuestra aventura en el mundo de los signos, contada a través de un primer artículo en Otanana.[2] Y espero que la visión global narrada en estas líneas sirva para animar a vivir una experiencia similar a cuantas más familias mejor. ¡Muchas gracias, Ruth, por haberme allanado tanto el camino!

El hermano mayor

Los signos ayudan mucho en la vinculación entre hermanos. Lo que yo he podido descubrir a través de la relación de mis dos hijos es que desde siempre han tenido un vínculo muy estrecho.

Desde que te quedas embarazada, todo el mundo empieza a opinar sobre lo que tienes que hacer, cómo hacerlo, qué comer, cómo dormir…

Desde que te quedas embarazada de tu segundo hijo e incluso antes, mucha gente le dice a tu hijo mayor cómo va a ser la relación con su hermano o hermana pequeña, cómo se va a sentir, cuánto le va a querer, lo que van a jugar juntos, lo celoso que se va a poner cuando le quite sus juguetes y un montón de juicios más.

Para mí, las relaciones deben basarse en la sinceridad, y con los hijos me parece un pilar fundamental.

Cuando me quedé embarazada de mi segunda hija empecé a fijarme en todos los comentarios que le hacían al mayor o a mí misma. Comentarios como:

Ya verás, ¡vas a jugar mucho con tu hermanita!
Ahora te va a tocar compartir todos tus juguetes.
¡Se te acabó el chollo!
Ooooooh, ahora eres el príncipe destronado…
¡Te lo vas a pasar genial con la bebé!
La vas a querer un montón.
A mí me decían cosas como:
Prepárate porque ahora tendrás que aguantar las rabietas y los celos del mayor.

2. http://otanana.com/blog/signando_nuestro_pequeno_mundo

Mi hijo, que por aquel entonces tenía unos 3 años, no entendía nunca a qué se referían cuando le hacían uno u otro comentario, así que nosotros le explicábamos lo que seguramente pasaría cuando naciera su hermana para contarle una versión más ajustada de lo que iba a pasar.

Cosas como éstas son las que le decíamos normalmente:

Cuando un bebé nace, lo que necesita es estar pegadito a su mamá para sentirse seguro.

Los bebés no juegan como tú. Se pasan casi todo el día durmiendo, tomando teta, haciendo caca y pis... Tú hacías lo mismo cuando eras bebé.

No tienes que compartir los juguetes que no te apetezca compartir. Son tuyos y tú decides cómo y con quién quieres jugar.

Hasta que tu hermana no crezca un poco no se va a interesar por tus juegos y juguetes.

Cuando sea más grande, ella también tendrá sus cosas y podréis jugar y compartir juegos si os apetece.

Los bebés nacen inmaduros y no tienen la capacidad de jugar como juega un hermano mayor. Están todo el día tomando teta, durmiendo, hacen caca en el pañal... Y no tienen la capacidad de hablar, por lo que comunican sus necesidades a través del llanto. Esto era lo que le contábamos. Y lo entendió muy bien porque cada vez que alguien le repetía algo de lo anterior, él nos decía algo así como:

Mami, ¡esa persona no sabe que los bebés están todo el día tomando teta!

Esa persona no tiene ni idea de lo que es un bebé.

Cuando Emma nació no tuvimos esa fase horrible de celos de la que todo el mundo nos advertía. Quizá porque él tenía una idea más cercana de la realidad.

Lo que sí vivimos con él fue un enamoramiento de su hermana desde el principio. La cogía, la besaba, la transportaba y le hacía reír a carcajadas como nadie desde el mismo día en que la vio nacer. No generamos en él expectativas, sino que dejamos que tomara sus propias decisiones en relación a lo que sentía.

Cuando empezamos a mostrarle los signos a Emma, con seis meses, Nico, que tenía tres años y medio, se emocionó con la idea de saber que había una forma en la que podía comunicarse con ella. Empezó a enseñarle muchísimos signos a su hermana con mucha ilusión. Ella se reía un montón con él y crearon un código de comunicación muy temprano.

Nico enseñando a su hermana el signo de *pelota* (abajo) y *dormir* (arriba)

Cuando íbamos en el coche, ellos mantenían su pequeño diálogo usando los signos y Nico me iba contando lo que Emma le decía con sus manos. El vínculo que se generó entre ellos fue muy fuerte. Nico le enseñaba muchos signos y ella iba aprendiendo cómo contarnos cosas a través de sus pequeñas manos.

Con ella no pudimos emplear el método tal y como aquí os lo cuento porque su hermano mayor estaba con mucha ilusión enseñándole mucho vocabulario y no todo relacionado con nuestra rutina. Por este motivo tardó algo más que él en utilizar sus primeros signos, quizá por el sobreestímulo de su hermano, que emocionado buscaba nuevos signos para mostrarle. Pero una vez que empezó a signar fue impresionante la velocidad a la que los fue incorporando. Su aprendizaje me recuerda bastante al aprendizaje de la lengua oral en familias bilingües.

Ella se pasó unos meses integrando y asimilando los signos que recibía, sin hacer ninguno, para después usarlos todos de golpe. Fue a partir del año cuando de un día para otro empezó a signar unos veinte signos de repente.

Los signos son una bonita herramienta para que los hermanos se vinculen desde el principio y descubran juegos de manos para compartir juntos desde muy temprano.

La alimentación complementaria y el uso de signos

El interés del bebé por los alimentos suele aparecer a partir de los seis meses. Como coincide con el momento en el que podemos empezar con los signos, me parece muy interesante ver de qué manera podemos aprovechar ese interés para introducir vocabulario nuevo y comprobar los beneficios del uso de signos para conocer las necesidades y preferencias alimentarias de cada peque. Algo que resulta muy facilitador en nuestro día a día.

Muchas veces sabemos con claridad que el bebé tiene hambre y pide comer. Entonces le ofrecemos pan, galletas, plátano, manzana… Suele haber una queja constante hasta que por fin damos con lo que sí quiere.

Los signos de la lengua de signos nos ayudaron mucho con mis hijos. Son muy útiles para esto porque ellos pueden expresar qué quieren comer y qué es lo que les apetece exactamente. Nosotros empezamos mostrándole el signo genérico de *comer* y ya desde ahí empezamos a ampliar vocabulario según él se iba interesando:

manzana, pera, pan, agua…

Emma pidiendo un *plátano*

Los signos de diferentes alimentos nos resultaron muy útiles para que nos expresara lo que le apetecía sin necesidad de ir mostrándole una variedad sin fin de cosas y dar con lo que necesitaba después de varios manotazos.

De esta manera, primero el mayor y luego la pequeña nos mostraban el signo y todo era más sencillo, evitando frustraciones por no comprender lo que querían.

Aprovechar el interés del peque para ofrecer vocabulario es tan simple como ofrecerle los signos de los alimentos por los que siente atracción. Seguro que ya lanza su mano para coger algo de tu plato o estira el brazo para intentar alcanzar un trozo de pan o cualquier otro alimento. Puedes aprovechar esos momentos para mostrarle los signos de todos esos alimentos que llaman su atención.

EL MÉTODO

Antes de empezar a explicaros cómo introducir los signos para que el bebé los aprenda, lo primero es ver si el bebé está preparado para que empecemos a mostrárselos. Para saber esto es importante observarle con atención. La **presencia** y la **observación,** desde mi punto de vista, van muy unidas a la crianza respetuosa, y yo recomiendo aplicarlas tanto para el uso de signos como para la vida en general. Así que lo primero de todo es observar con detenimiento cómo está el bebé. No vale cualquier momento del día para mostrar un signo y que el bebé lo asimile, porque el bebé tiene que estar bien, relajado, disfrutando de lo que está o estamos haciendo. Si intentamos mostrar un signo en un momento de frustración, el peque no va a recibir la información porque toda su energía va a estar dirigida en resolver eso que le produce conflicto.

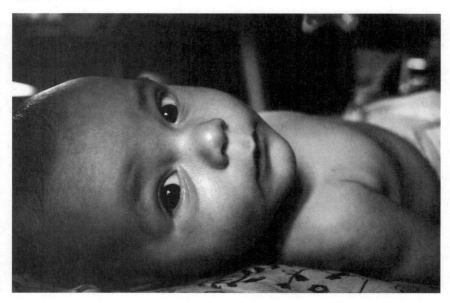

Imagina que tu bebé está en el parque jugando con la tierra.

En sus manos tiene una pelota que arrastra en la arena mientras contempla las formas que se van formando a su paso. Absorto en su actividad no se da cuenta de que se acerca un niño y le coge su preciada pelota. Su rostro cambia y empieza a protestar enfadado para que se la devuelvan, pero el niño, más mayor que él, se aleja sin saber lo que está pasando tras de sí. El bebé nos mira llorando mientras alza sus manos hacia el otro niño que juega sin saber qué ha generado.

¿Sería este un buen momento para mostrarle el signo de *pelota* a tu bebé?

La respuesta es no. El bebé no necesita aprender en este momento un signo nuevo. Tampoco necesita que le reforcemos un signo que ya conoce para que lo integre y nos lo pueda mostrar en otra ocasión. El bebé lo que necesita es un acompañamiento cercano de lo que está viviendo. Ante una frustración o rabieta, lo que tenemos que hacer las personas adultas es acompañarlos, no intentar distraerlos y, en el caso de los signos, no mostrar signos en estas situaciones porque ni siquiera los van a ver. Es decir, los momentos de frustración no son un buen momento para enseñar los signos a los bebés. Hay otros muchos momentos del día que son adecuados para que el bebé vea que con sus manos puede comunicar. Más adelante y cuando el bebé ya tenga asimilados algunos signos, será él mismo quien nos muestre con sus manos lo que necesita ante un momento de frustración.

¿A partir de cuándo podemos empezar a usar este método?

Yo recomiendo empezar a partir de que el bebé haya cumplido los 6 meses. Hay bebés que tienen la capacidad de empezar a usar sus manos antes y asimilan los signos con mucha facilidad. Otros, en cambio, empezarán algo más tarde. Pero, sobre todo, es importante saber que es a partir de un momento cuando el bebé estará más preparado para empezar a ir integrando los signos que le vayamos haciendo. Y ese momento podemos detectarlo observando al bebé, porque hay acciones que empiezan a hacer que nos informan de que están más preparados para la interacción y uso de sus manos para comunicar.

Las acciones que podemos observar son, entre otras:

- Cuando vemos que empieza a **mantenerse sentado por sí mismo.** Esto es importante porque nos facilita el que tenga acceso a
nuestras manos y nuestra cara. Los bebés que todavía no se sientan
permanecen más tiempo en nuestros brazos y de esta manera es más
difícil tener las manos libres para hacerles un signo. En cambio,
cuando ya se sientan solos podemos sentarnos uno enfrente del
otro, con nuestras manos libres. De esta manera el bebé tiene pleno
acceso a nuestra cara y el movimiento de nuestras manos queda
justo delante.

- Cuando el bebé empieza a **mantener más tiempo la mirada fija.**
Esto ocurre a partir de una edad en la que presta más atención a
las cosas que pasan a su alrededor, a las caras, a los sonidos... Es
importante que nos mire fijamente porque los signos se los vamos

a mostrar justo cuando nuestros ojos se encuentren. Si el bebé no ve cómo le hacemos el signo que le mostramos, no lo va a integrar. Fijar la mirada es algo que está relacionado con la concentración y la escucha, que irá mejorando con la edad.

- Otra de las señales que podemos observar es que el bebé **empieza a intentar comunicarse con diferentes sonidos,** balbuceos y gorgoritos para llamar nuestra atención. Esto nos indica que su comunicación va progresando y que su intención comunicativa cada vez es mayor. Podemos ver claramente su interacción en estas **primeras vocalizaciones.** Incluso puede que empiece a **señalar** lo que necesita acompañándolo de su voz, lo que nos indica que empieza a mostrar interés por las cosas que le rodean, aunque éste es un gesto que algunos niños incorporan unas semanas más adelante. También es una edad en la que empieza a **manipular objetos** con sus manos.

- Algo claro que podemos observar en el bebé y que nos asegura que ya está preparado para empezar a asimilar los signos que le mostramos es la **repetición de gestos.** Llega un momento en el que el bebé empieza a **imitar acciones con sus manos.** Hay mucha comunicación en forma de gestos que está presente en nuestra sociedad y que el bebé imita de manera espontánea y muy tempranamente. Estos gestos son, por ejemplo, el saludo: decir *hola o adiós* con la mano, lanzar *besos* (con los labios o besándose la palma de la mano primero y lanzándolo al aire después), hacer el gesto de guardar *silencio* con el índice sobre la boca... Otros ejemplos podrían ser: pedir que le cojan en brazos alzando las manos al aire, dar palmas con las dos manos para expresar que está contento... Estos gestos están presentes en el entorno en el que vivimos y los bebés los imitan con mucha facilidad desde muy temprano. Además de imitarlos con sencillez, entienden su significado y los usan acorde a éste.

Una vez que observamos estas u otras señales parecidas, ya sabemos que podemos empezar a ofrecer signos para que el bebé los vaya asimilando poco a poco. No hace falta que el bebé haga todos y cada uno de los gestos del entorno que hemos visto anteriormente. Simplemente es un indicador o una guía para observar en el bebé y darnos cuenta de que si empieza a hacer alguna de las cosas que he nombrado, es que está empezando a tener más capacidad comunicativa y es un buen momento para empezar a enseñarle los signos. Esto no quiere decir que si le ofrezco un signo hoy, mañana mismo lo vaya a incorporar a su vocabulario. Esto dependerá de cada niño. Pero lo que sí parece claro es que el bebé va a empezar a relacionar los signos con las palabras que le vayamos diciendo. Esto suele ocurrir alrededor de los seis, siete u ocho meses.

La forma de colocarnos al principio es importante para que el bebé nos vea bien la cara y las manos. Por este motivo, yo recomiendo esperar a que el bebé ya se siente solo, así podremos **sentarnos uno enfrente del otro** y tendrá pleno acceso a nuestros ojos. De esta manera sería ideal empezar, a partir de los seis meses, uno sentado delante del otro, buscando siempre los momentos donde el bebé esté sentado para posicionarnos enfrente. Más adelante, y según el bebé vaya integrando esta nueva forma de comunicación entre vosotros, podréis variar la manera en la que os colocáis, adaptándoos a los movimientos del peque. Con bebés más grandes puede que os resulte más fácil empezar directamente adaptándoos a él porque quizá pase pocos ratos en la postura de sentado y más en la de gateo y exploración. Luego veremos cómo esas situaciones también nos pueden resultar muy útiles para ofrecer diferentes signos y ampliar vocabulario en nuestro día a día.

Ya hemos visto que hay que tener en cuenta cómo se encuentra el bebé y cómo nos podemos colocar para facilitar el aprendizaje de los signos. Una vez que tenemos esto claro, podemos **elegir cuatro o cinco signos** que estén en nuestra rutina diaria. Estos signos serán los primeros que utilizaremos para interaccionar con el bebé. Cuando hablo de rutina, me refiero a la rutina del bebé. Lo aclaro porque en algunas ocasiones me han contado que los signos que elegían las familias para empezar estaban relacionados con la rutina del adulto (trabajo, gimnasio...). Estos signos no están mal, pero no son interesantes para empezar porque el bebé no los relaciona con sus necesidades. Es importante que empecemos a mostrar signos que para el peque tengan un interés propio, ya sea por una necesidad o por un atractivo especial para él. Más adelante, y una vez que el bebé ya tiene claro el uso de los signos, podemos incluir cualquier palabra/signo que nos sirva para mejorar nuestra comunicación, incluyendo las rutinas de la persona adulta.

¿Cómo empezamos?

Lo primero que tenemos que saber es si el bebé está ya preparado para empezar con este método de aprendizaje de los signos como herramienta comunicativa, como ya hemos visto más arriba. Podemos empezar y ver cómo va reaccionando. Esto no quiere decir que el bebé vaya a imitar los signos de inmediato. Como veremos luego en un ejemplo de secuencia sobre el aprendizaje de los signos, el bebé primero va a tener una época de asimilación para después lanzarse a usar sus pequeñas manos para comunicar y para después perfeccionar la forma de hacer el signo.

Lo primero que haremos es buscar con qué signos vamos a comenzar. Para saber qué signos son adecuados para el bebé tienes que tener en cuenta su edad y, sobre todo, en qué etapa evolutiva se encuentra. No es lo mismo empezar a usar este método con un bebé que acaba de empezar a quedarse sentado solo y a fijar la mirada, que otro que ya gatea y se mueve autónomamente por donde quiere. Está claro que sus intereses, ya sea por su edad y capacidades o por su personalidad, van a ser diferentes. Su entorno también influye en sus motivaciones. Tienes que tener en cuenta y observar bien para saber cuáles son los gustos del bebé. Si está empezando a iniciarse con la alimentación complementaria, lo más seguro es que a un bebé le interese un alimento y a otro… otro diferente. Depende de cada hogar y de lo que se le ofrezca en la mesa. Lo mismo pasa con los signos de juguetes o cosas que vemos por la calle. No es lo mismo vivir en la ciudad que en el campo, o en la playa que en la montaña. A la hora de ofrecer un signo u otro dependerá del entorno donde estemos y la accesibilidad de ese peque a lo que tiene a su alrededor. En definitiva, es **buscar los signos que más se acerquen a sus rutinas, intereses y demandas,** y eso sólo lo podemos hacer estando muy presentes para, poco a poco, ir conociendo al niño.

Lo bueno de comenzar por signos que están en la rutina y en el entorno del bebé es que los podemos nombrar más veces al día y así su aprendizaje puede producirse antes. Para mostrar lo signos, al principio tendremos que buscar **dos frases que incluyan el signo que queremos mostrar.** Esto es válido sobre todo al principio, donde tenemos que ir mostrando al bebé el vocabulario poco a poco. Más adelante, cuando el bebé ya tiene claro que con las manos puede comunicarnos cosas, podemos hacer simplemente una frase para mostrar un signo nuevo.

Algunos ejemplos de cómo mostrar signos al principio:

¿Quieres ir a *dormir*? ¿Te apetece *dormir*?
¿Tienes *el pañal* mojado? ¿Quieres que te cambie *el pañal*?
¿Nos vamos a *bañar*? ¿Quieres que vayamos a *bañar*?
¿Quieres *comer*? ¿Te apetece *comer*?

Es recomendable que las frases sean diferentes y mantengamos esa palabra que acompañamos con el signo. De esta manera, la palabra + signo a la que nos referimos se mantiene en las dos frases y el resto cambia. Así es más sencillo que el bebé asocie ese signo concreto a esa palabra que se repite y no le dé tanta importancia al resto de la frase. Cuando comenzamos a usar este método, **es recomendable tener el objeto que queremos mostrar delante de nosotros.** Así, el bebé puede verlo al mismo tiempo que escucha la palabra. En caso de no tener el objeto, una manzana, por ejemplo, no pasaría nada realmente. Simplemente con el objeto delante facilitamos el relacionar signo + objeto + palabra. Si no, el bebé tendría que hacer un ejercicio de abstracción para relacionar signo + palabra con ese objeto que aparece en su cabeza, que puede que no coincida en un principio con el objeto al que nos referimos. Es decir, puede que el bebé, si no tiene la manzana enfrente, tenga que acordarse de cuál era la manzana, ¿esa fruta amarilla y alargada o una verde redondeada? Lo único que podría pasar es que al no tenerlo claro pueda alterar su respuesta diciendo sí a lo que él cree y luego darse cuenta de que manzana era otra cosa diferente de lo que él se había imaginado.

Thiago pidiendo *comer*. Fotografía de Verónica Pérez Morón

Así como con los objetos es positivo enseñárselos mientras les mostramos el signo y la palabra, con los signos de acciones, como *comer, dormir, bañar…*, es importantísimo mostrarlos inmediatamente antes de la acción. Los niños tienen una temporalidad muy diferente a la nuestra y viven totalmente en la inmediatez, sobre todo cuando son bebés. Así que si ofrecemos a nuestro bebé ir a *bañar* o *comer* algo, la acción no se puede retrasar y además no comprenderá la espera.

Imagina que estamos en el parque con el bebé. Está jugando y se está llenando la ropa y el pelo de arena, así que le ofrecemos:

¿Quieres ir a *bañar*? ¿Te apetece que vayamos a *bañar*?

Si su respuesta es sí, el bebé ya espera eso que le has propuesto y no entiende que tenemos que recoger y tardar media hora, por ejemplo, en llegar a casa para preparar el baño, por lo que lo más seguro es que se produzca una gran frustración e incomprensión que se plasme en un enfado. Esta propuesta del baño sería perfecta estando en casa y yendo ya juntos a preparar la bañera.

Una vez que ya hemos elegido nuestros cuatro o cinco signos y sabiendo que tenemos que elaborar esas dos frases para mostrar el signo mientras nombramos la palabra, simplemente hay que ponerlo en práctica y esperar un tiempo para ver la reacción del bebé. Como menciono mucho, cada bebé es diferente, por lo que unos tardarán más en asimilar los signos y otros tardarán algo menos.

En resumen, tenemos que integrar la rutina de mostrar el signo junto a la palabra, para que el bebé vaya asimilando el vocabulario de signos poco a poco. Recuerda que algo fundamental a tener en cuenta cuando mostramos un signo es **esperar siempre a que el bebé haga contacto directo con nuestros ojos.** Es importante encontrarnos con la mirada, puesto que de otra manera el bebé sólo escucharía la palabra y no vería el signo, entonces no establecería ninguna relación signo + palabra. Para que esto suceda, lo mejor es colocarnos uno enfrente de otro, por lo menos al principio. De esta forma, el bebé tendrá acceso directo a nuestros ojos al igual que nosotros a los suyos y podremos mirarnos y saber cuándo es el mejor momento para mostrarle un signo determinado.

Existe una evolución en cuanto al aprendizaje de los signos por parte de los peques. Un ejemplo de evolución podría ser éste:

Empezamos mostrando los signos en nuestro día a día y el bebé no nos hace caso al principio.

Poco a poco el bebé va prestando más atención a aquello que le hacemos con las manos y nos muestra una emoción ante una pregunta:

¿Quieres ir a *comer?* ¿Te apetece *comer?*

Nos responde con una sonrisa o a través de su rostro nos damos cuenta de si quiere o no.

El bebé comienza a mostrar algún signo, a su manera, usando sus manos con una configuración algo diferente, a un ritmo distinto o de manera asimétrica… Es su primer acercamiento a un signo desde su cuerpo.

Poco a poco y con la práctica, el bebé va perfeccionado su forma de signar y nos resulta más fácil entendernos.

El bebé ya sabe que con sus manos puede comunicar sus necesidades y empieza incluso a usar los signos alternándolos con sus primeras palabras, para hacer pequeñas frases.

Signo + signo + palabra
Palabra + signo + palabra
...

 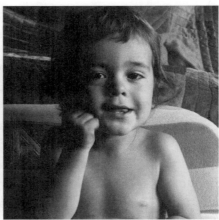

Evolución del signo de *manzana*

Me parece importante **mostrarle al bebé el signo siempre de la manera correcta** aunque él nos lo diga de una manera algo diferente con sus manos. Realmente no pasaría nada grave, pero el cambiar la forma de signarlo desde nuestro lado puede confundirle. Para mí es igual que con el aprendizaje del habla. Cuando un niño viene y nos dice:

—Quero aba (quiero agua).

Nosotros le podemos decir, sin necesidad de corregirle:

—¿Te apetece *agua?* Acompáñame a la cocina que te doy un vaso de *agua.*

Lo que quiero decir es que nosotros no nombramos el agua como ellos lo dicen (aba), sino que les decimos la palabra correctamente para que la escuchen y poco a poco, y según vayan mejorando sus capacidades, la reproduzcan tal y como es. Con los signos lo veo parecido, aunque es verdad que en algunas ocasiones la palabra puede aparecer antes de que el signo haya sido perfeccionado. Como el objetivo de todo esto es mejorar la comunicación y el vínculo, sería perfecto en todo caso.

No sobra repetir que es importantísimo darnos cuenta de cómo se encuentra el bebé, porque no vale cualquier momento para enseñar un signo. Si el bebé se encuentra mal, en medio de una frustración, con mucho sueño, con fiebre…, intentar enseñar un signo se va a quedar en eso, en un intento. En esos momentos simplemente necesita nuestra presencia y que acompañemos su emoción hasta que se sienta bien. Hay algunas situaciones que sí podemos utilizar para mostrar algunos signos, pero siempre observando atentamente cómo está el bebé. Los signos a los que me refiero son *dormir* y *dolor*. Cuando detectamos que el bebé tiene sueño quizá puede ser un buen momento para mostrarle el signo de dormir:

—¿Quieres *dormir*? ¿Quieres que te acompañe a *dormir*?

Por supuesto, observando bien al bebé, porque si tiene demasiado sueño nos vamos a quedar en el intento, ya que no nos va a ver.

Lo mismo ocurre con el signo de *dolor*. Un buen momento para enseñar el signo es justo cuando se han dado un golpe. De esta manera el bebé relaciona el dolor con el signo. Con la misma precaución de antes, ya que si el golpe es muy fuerte y necesita descargar su dolor mediante el llanto, de nada sirve que le enseñemos un signo en un momento así. El signo de dolor también se puede enseñar cuando vemos que el bebé se encuentra un poco mal, cuando le sentimos algo decaído, quejicoso, quizá con algo de febrícula… Es un buen momento mostrarle este signo porque así el bebé relaciona ese malestar con el signo y más adelante nos podrá nombrar si le duele algo señalando su cuerpo.

¿Qué momento es bueno para ampliar vocabulario?

Una vez que llevamos un tiempo mostrando esos cuatro o cinco signos que hemos elegido y que están presentes en la rutina y el entorno del bebé, tenemos que observar cómo está reaccionando el peque ante ese estímulo nuevo. Como he contado antes, en el ejemplo de secuencia sobre la evolución del aprendizaje de los signos, llega un momento en el que el bebé nos muestra una emoción cuando nos ve hacerle un signo. Ése es el momento que yo considero ideal para ampliar más vocabulario. Es decir, no hace falta que el bebé nos haga el signo a nosotros para empezar a signarle más allá de esos cuatro o cinco primeros signos, sino que, una vez que el bebé nos muestra una respuesta a través de una emoción, ya podemos empezar a buscar y mostrar signos nuevos porque estará en plena fase de asimilación. Los gestos de emociones que puede mostrar el bebé son, por ejemplo, una sonrisa, un balbuceo, un ceño fruncido..., al fin y al cabo, son señales que el bebé nos hace para decirnos que nos está entendiendo.

Tenemos que tener siempre en cuenta que los signos que mostramos tienen que estar presentes en la rutina y el entorno del bebé.

Son signos por los que el bebé va a mostrar interés. Si intentamos mostrarle algún signo que no forme parte de sus necesidades o intereses, lo más seguro es que el bebé no muestre una disposición a aprenderlo o que tarde bastante más en hacerlo. Es importante observar al bebé y conocer en qué fase de desarrollo se encuentra para adaptar los signos a esa etapa. Hay algunos signos que nos van a resultar muy útiles en la crianza, como el signo de *dolor* que ya he explicado antes. Es un signo que nos puede aportar mucho, ya que el bebé nos podrá comunicar si le duele algo en un determinado momento o justo cuando se haya dado un golpe... Pero es un signo que el bebé no va a entender desde el principio porque el concepto de dolor se aprende más tarde y a los seis meses es pronto aún.

La mayoría de signos que les vamos a enseñar son simplemente vocabulario que nos va a ser muy útil, tanto para el bebé como para la persona adulta. Estos signos nos van a servir para que nos puedan comunicar sus necesidades básicas, sus intereses o simplemente aquello que les pasa por la cabeza: signos de animales, de alimentos, de objetos que vemos por la calle, de colores... Hay otros signos que vamos a utilizar de otra manera, para anticiparnos a algunas situaciones: signos como *ayuda, dolor,* sentimientos-emociones (tengo *miedo,* estoy *contento* o *enfadado).* Estos signos se muestran de la misma manera, pero el objetivo no es tanto que el bebé nos pueda mostrar el signo desde un principio cuando así lo sienta, sino anticiparnos a una situación donde pueda estar presente esa sensación. De esta manera, el peque podrá ir reconociendo el signo junto con la palabra y la sensación y tendrá más facilidad de usarlo en relación a su significado cuando se sienta capacitado en cuanto a la abstracción y la comprensión del concepto que es necesario para su uso.

Tomamos como ejemplo el signo de *ayuda*. Es un signo que no se usa tanto para que el peque te pida ayuda a través de un signo, pero sí puedes ayudarle a detectar esa sensación de que necesita pedirte algo. Una forma de mostrarlo podría ser la siguiente:

Cuando un peque empieza a tener más autonomía y empieza a vestirse y desvestirse solo, a ponerse y quitarse los zapatos, a coger algún objeto que está en la estantería...

Podemos observar al bebé y ver hasta dónde llega. Si vemos que está empezando a no poder hacer algo, bien porque no lo consigue o porque el objeto está muy alto y no consigue alcanzarlo, es en ese momento, y cuando nos busque con la mirada, el ideal para ofrecerle nuestra disposición:

—¿Necesitas *ayuda*? ¿Quieres *ayuda*?

En mi experiencia personal, no es un signo que mi hijo o mi hija me hayan hecho con sus manos directamente, pero sí les ha servido muchísimo para ver hasta dónde podían llegar sin frustrarse.

Muchas veces, veía cómo se paraban a reflexionar, y nos buscaban con la mirada como diciendo: «Eso que me haces con las manos lo necesito ahora».

Me parece importante recalcar, como ya he dicho antes, que la frustración es necesaria. Frustrarse forma parte de la evolución de un niño sano. Los signos efectivamente ayudan a que haya muchísima menos frustración, sobre todo en lo referente a los malentendidos en la comunicación, pero usar los signos como herramienta comunicativa no va a eliminar del todo los momentos de frustración, porque, como repito, son necesarios para evolucionar como ser humano. Aun así, estoy segura de que viviréis momentos mágicos usando esta herramienta tan facilitadora en la crianza.

RECURSOS PARA FACILITAR EL APRENDIZAJE DE LOS SIGNOS

Rutina y entorno

Lo primero que debemos tener claro es que éste es un método que se basa en la diversión y el disfrute. No tenemos que mostrar los signos como algo obligatorio para forzar al bebé a que se comunique, sino que debemos intentar integrar algunas dinámicas como las que os propongo para facilitar que el peque relacione signo + palabra y pueda, a través de sus pequeñas manos, comunicar lo que necesita.

Aritz pidiendo a ir a *bañar*. Fotografía de Verónica Pérez Morón

La rutina es una gran aliada a la hora de mostrar signos, ya que nos permite nombrar el signo junto a la palabra todas las veces que se nos presente en un mismo día. Los momentos de nuestras rutinas diarias son ideales para integrar los signos y naturalizarlos.

La gran ventaja de mostrar signos usando la rutina como motor de aprendizaje es que tenemos muchos momentos al día para decir la palabra y acompañarla del signo correspondiente. Los primeros signos suelen estar relacionados con la rutina del bebé: *comer, dormir, pañal, bañar...* Esto nos da la oportunidad de mostrar el signo cada vez que cambiemos un pañal, cada vez que el peque quiera dormir... Son acciones que se repiten varias veces al día, por lo que el bebé tiene más facilidad para asimilarlos. Además, podemos mostrar el signo antes, durante y después de la rutina del bebé. Esto nos proporciona muchas más situaciones para nombrar frases y acompañarlas de signos.

Mostrando el signo antes estaríamos anticipándonos a la rutina. Al igual que el bebé relaciona el babero, el biberón o su plato con un dibujo especial con la hora de comer, lo mismo ocurrirá con el signo cuando le ofrezcamos *comer* usando nuestras manos mientras se lo nombramos.

—¿Quieres *comer?* ¿Te apetece *comer* con mamá?

Durante la comida podemos nombrarle alguno de los signos con los que estemos trabajando en esa semana. Si es un alimento, por ejemplo:

—¡Qué rica la *patata!* ¿Quieres un poco más *de patata?*

Después de comer podemos mostrarle alguna frase como:

—¡Te has comido toda la *manzana!* ¿Estaba rica la *manzana?*

Es importante recordar que cuando mostramos un signo, aparte de saber que tiene que ir acompañado de la palabra y tenemos que tener contacto visual, **es fundamental que el signo esté contextualizado.** Si estamos comiendo y le mostramos el signo de *gato* cuando a nuestro alrededor no hay nada que nos conecte con esto, el bebé no lo va a entender ni lo va a poder relacionar con nada. Otra situación diferente es si tenemos un cuento cerca donde sale un gato y el bebé lo señala, o si aparece andando nuestro gato y el bebé lo mira. En esa situación nombrar y signar *gato* sí sería adecuado.

Podemos jugar con el entorno para mostrar mucho vocabulario. Si los cuatro o cinco signos que hemos elegido aparecen en nuestro contexto, podemos nombrarlos junto con el signo todas las veces que el bebé se fije en eso o lo señale. **Señalando, el bebé acerca los objetos a su mundo.** Puede señalar cosas que están muy lejos de su alcance o cosas que tiene cerca, pero, en definitiva, parte de un interés del peque el conocer un objeto, animal, persona... a través de simplemente señalarlo. También podemos usarlo como recurso para mostrar signos cuando ya nos encontramos en la fase de ampliar vocabulario. Todo lo que hay a nuestro alrededor puede ser nombrado y, por lo tanto, puede ser acompañado por un signo.

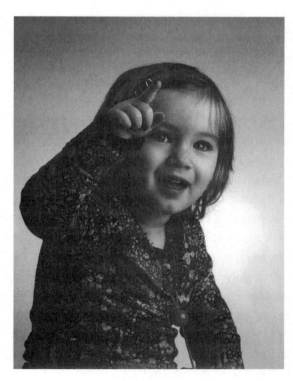

Izarbe señalando

Normalmente nos guiamos por los intereses del bebé, y si vemos que señala algo cuyo signo desconocemos o simplemente vemos que lo que señala no tiene mucho interés para mejorar nuestra comunicación, podemos decir la palabra sin acompañarla del signo correspondiente. Si el bebé persiste con ese algo concreto al que nosotros no respondemos con su signo, puede que él mismo se invente uno porque necesite comunicarlo.

Señalar es un gesto temprano que está muy presente en nuestro entorno social, así que el bebé lo va a poder imitar muy fácilmente y podemos usarlo para mostrarle el signo correspondiente inmediatamente después de ver el objeto, animal, persona... Siempre hay que dejar un pequeño espacio de tiempo entre el momento en el que señalan un objeto y nos devuelven la mirada para obtener un *feedback* de lo señalado. Si signamos el objeto mientras ellos lo están mirando, no van a poder establecer la relación palabra + signo + objeto porque no nos están mirando a nosotros. Es importante que nuestras miradas se encuentren para ofrecer un signo mientras les hablamos.

Interacciones del bebé

A partir de los tres o cuatro meses, el bebé empieza a prestar más atención a los sonidos del exterior y empieza poco a poco a interaccionar con lo que va observando. Cuando ya se queda sentado solo, es mucho más fácil ver al bebé quedarse un rato observando algún objeto, persona o incluso su propio cuerpo. Su interés por lo que pasa a su alrededor va aumentando cada vez más y más.

Los bebés y niños se relacionan con el mundo a través del juego. Su aprendizaje se da a través del juego, la exploración, la imitación, la observación, la repetición... Las personas adultas, sin darnos cuenta, muchas veces interrumpimos el aprendizaje que se genera a raíz de estos momentos para proponer, para preguntar... y rompemos esos momentos de pura magia que parten de los intereses intrínsecos del peque. Se dan muchas situaciones al día en las que podemos mostrar los signos sin necesidad de interrumpir el juego del niño porque es él quien va a buscar en muchas ocasiones la interacción.

Thiago pidiendo *agua*

Imagina a un bebé que está entretenido metiendo y sacando una pelota de una caja. Repetirá su juego muchas veces para crear, para descubrir, para disfrutar de lo que ve y siente…

Hasta que quiera mostrárselo a la persona adulta. Es entonces cuando parará su actividad y buscará a la otra persona con la mirada e incluso algún balbuceo o sonrisa. Es emocionante compartir lo que ha descubierto, así que buscará esa interacción clara contigo.

Es en ese momento, de cruce de miradas, cuando debemos mostrar el signo correspondiente, en este caso, *pelota*.

—¿Estás jugando con la *pelota?*
—¡Has metido la *pelota* en la caja!

Hay muchos momentos al día donde el bebé detiene su actividad para buscarnos con la mirada, para buscar nuestra atención y presencia plena. Tenemos que estar atentos para detectar esas situaciones, que son muchas durante toda una jornada, para ahí mostrar el signo. No es necesario interrumpir su actividad cuando está inmerso en ella.

Podremos mostrar el signo, junto a la palabra, siempre que pensemos que el signo sea de interés y vaya a aportar algo a nuestra comunicación. Si el peque lo que está metiendo en la caja es un bolígrafo, a lo mejor no es un signo que pensemos que nos vaya a ser de mucha utilidad. Aunque como ya veremos, hay signos por los que el bebé siente interés y si no se los ofrecemos, se los va a inventar para poder incluirlos en su comunicación con nosotros.

Hay muchas otras situaciones de este tipo donde el bebé busca interaccionar con la persona adulta. Llega un momento, cuando el bebé empieza a gatear, que un juego puede ser trasladar las cosas de sitio. Es así como empiezan a aparecer a nuestro alrededor pelotas, cuentos, un trozo de manzana, un oso de peluche, una cuchara… Todo eso que el bebé mueve de sitio suele ir acompañado de esa mirada donde interacciona, ese balbuceo o esa llamada de atención para que observemos lo que está haciendo. Es ahí cuando podemos mostrar los signos de lo que cambia de lugar: *pelota, cuento, manzana, oso, cuchara…* **Todos los objetos o acciones por los que el bebé siente interés se convierten en posible vocabulario para ofrecer.**

Izarbe signando *abrir*

74

Hay veces que la interacción se produce de forma mucho más directa y el bebé nos incluye en su juego, ofreciéndonos el objeto directamente a nosotros. Es cuando el bebé viene gateando o andando y nos da algo en las manos. Eso que nos ofrece también puede ser nombrado y signado. Llegará un momento en que incluso sea una manera que el bebé tiene para conocer el nombre y signo de ese objeto porque sus ganas de comunicar y aprender son enormes.

Intentad siempre **buscar esas señales que nos hace el bebé para acompañar la comunicación de lo que está pasando:** cuando para de hacer algo y nos busca con la mirada, cuando nos llama con algún balbuceo o grito, cuando busca el contacto físico para llamar nuestra atención y presencia plena… No hace falta signar todo lo que está ocurriendo. Usamos los signos como herramienta comunicativa para que nos sea más fácil, pero cuando veamos que no lo va a ser, es mejor nombrar sólo con palabras.

En esas interacciones donde el bebé nos busca **vamos a poder generar pequeños diálogos.** Ésta es la parte bonita del método, donde podremos seguir la conversación que el bebé inicia o ver cómo éste la continúa cuando es iniciada por nosotros. Aquí se pone en juego el vínculo que tengamos con el bebé, ya que su respuesta nos va a dar información de vivencias que hayamos tenido juntos y tendremos que relacionar lo que nos dice con algo que ha pasado recientemente o algo que esté presente en nuestro entorno común.

El adulto le señala la luna al bebé:
—¿Has visto la *luna?* ¡Qué bonita la *luna!*
El bebé afirma con la cabeza y signa: *cuento.*
El adulto continúa la conversación:
—Sí, es verdad, es como la que sale en el cuento de la *luna.*

El bebé va a iniciar muchos diálogos a través de la mirada y nosotros vamos a poder ponerle palabras y signos a aquello en lo que se fija con atención, por eso siempre hablo de la importancia de la presencia y la observación de los niños, porque va muy de la mano del método. Llega un momento en el que el bebé ya sabe que con sus manos puede comunicar muchas cosas. Es entonces cuando no hará falta que tengamos el objeto delante o que haya un contexto a nuestro alrededor, porque el bebé va a poder nombrar lo que tiene en la cabeza, recordando o imaginando situaciones que nos dará a conocer.

Emma pidiendo *chocolate*

El bebé va a comenzar signando cosas relacionadas con sus necesidades básicas y en primera persona:

Quiero *dormir.*
Quiero quitarme el *pañal.*
Quiero *melón…*

Y poco a poco va a poder hacer frases de lo que observa a su alrededor, ya sin ser él el sujeto:

El *gato come.*
La *abuela duerme.*
El *bebé* tiene *frío…*

Para los bebés y los niños que ya tienen integrados los signos como forma de comunicación se les puede mostrar directamente cómo se signa algo:

¿Sabes cómo se dice *sol*? *Sol* se hace así con la mano.
¡Mira cómo se hace *avión*! Para decir *avión* se coloca así la mano.
¿Quieres saber cómo se dice *tren*? *Tren* se hace así, mira.

Mostrar los signos directamente es una manera fácil y rápida de ampliar vocabulario para niños que ya tienen algunos signos adquiridos.

Cuando el bebé empieza a imitar los signos que le mostramos todavía no tiene el signo bien definido, es decir, que lo va a reproducir de una manera, quizás algo distinta a como se lo estamos mostrando nosotros. Esto es una fase normal por la que pasa el niño, al igual que ocurre con las palabras. Si vemos que pasa el tiempo y el bebé no consigue hacer el signo de una manera clara, o le cuesta, y eso hace que nos dificulte el entendernos, podemos ayudarle haciendo el signo en su cuerpo. Sería como un juego de hacer el signo primero en el cuerpo de la persona adulta y luego en el suyo. De esta manera, el bebé va a reconocer las sensaciones del contacto del signo en su piel. Sería sobre todo para signos de contacto con el cuerpo, pero se puede adaptar a cualquier signo ayudando al peque a colocar sus manos de la forma correcta. Siempre teniendo en cuenta que el bebé esté receptivo y nos permita hacerlo. Si veis que el bebé no quiere en ese momento, no le insistáis. Ya habrá otros momentos en los que sí quiera.

—¿Quieres ir a *bañar*? (Primero haciendo el signo en el cuerpo del adulto).
—¿Vamos a *bañar*? (Después en el cuerpo del bebé).

De esta manera el signo evoluciona y el peque pasa de tener la necesidad de sentir tus manos en su cuerpo en un principio, a no necesitarlas porque lo integra y usa las suyas propias. Esto les ayuda a incorporar el signo porque lo reconocen en su cuerpo. Aparte de ser un juego corporal divertido, también sienten cómo se mueve el signo en contacto con su cuerpo.

Haciendo en su cuerpo el signo de *bañar*

Emma haciendo el signo de *bañar*

Cuentos, canciones y juegos

Los cuentos son muy importantes en nuestra relación con los niños porque nos ayudan mucho a vincularnos. El momento del cuento, ya sea en familia o en la escuela, narrado o leído, es un tiempo donde podemos compartir, donde podemos imaginar, crear escenas… El niño escucha con atención todo lo que va aconteciendo y se entrega totalmente al mundo fantástico que se le presenta.

Los cuentos nos ayudan a mostrar signos concretos que aparecen en las ilustraciones y a que los peques los integren y los puedan reproducir después.

Los cuentos son una herramienta que podemos usar desde que son bebés. A través de ellos podemos nombrar y mostrar mucho vocabulario, estimular la imaginación y conseguir un ambiente relajado o más estimulante, según lo que queramos en un momento determinado.

Emma signando *luna*

Para integrar los signos usando cuentos, éstos se enseñan de la misma manera que cuando mostramos un signo teniendo el objeto delante. Con los cuentos tenemos la ventaja de que los signos se reducen a las ilustraciones que salen en la historia y podemos aprenderlos con antelación para que no nos tengamos que enfrentar a una situación donde el bebé o niño señala algo y desconocemos cómo se signa.

Podemos usar cualquier ilustración o fotografía para contar una historia. Algunas revistas tienen muchos dibujos o fotos que atraen la atención de los peques, y piden y señalan lo que les interesa. Cuando son muy pequeños, el relato y las letras no les llaman mucho la atención, y en lo que más se fijan es en las ilustraciones. Es con eso con lo que tenemos que jugar para ofrecerles vocabulario. Podemos escoger imágenes con fotografías reales o con dibujos más o menos detallados… Cualquier imagen es válida para mostrar vocabulario de signos, incluso los cuentos que pensamos que tiene los dibujos poco definidos.

Emma signando *manzana*

A través de las imágenes podemos darnos cuenta de cómo ven los peques el mundo a través de sus ojos. Una vez que el bebé ya tiene bastante vocabulario y las conversaciones son cada vez más amplias, podemos percatarnos de que el niño no está viendo lo que nosotros le estamos diciendo. Donde tú ves el color rojo, el niño puede percibir el naranja, por ejemplo. O donde tú ves un perro, el niño puede ver una vaca. Es precioso ponerse en su piel a veces y darte cuenta de que estás mirando como él mira. Darse cuenta de esas pequeñas o grandes diferencias te acerca muchísimo a su mundo interior.

—Mira el *perro*. ¡Qué bonito es este *perro!* –le dices mientras señalas al perro en el cuento.
—No es un *perro*. Es una *vaca* –contesta el niño decidido.

Seguir la conversación donde el niño nos va guiando, nos ofrece momentos muy mágicos y nos conecta con ese niño interior que habita en algún lugar de nuestro ser. Es maravilloso todo lo que podemos descubrir y aprender de ellos, que de otra manera y sin el recurso de los signos, nos perderíamos.

Para mostrar el signo sólo hay que tener en cuenta lo mismo que cuando señalan algo, esperar a que nos devuelvan la mirada para que nos vean hacer el signo. Eso en el caso de que sea vocabulario nuevo. Si es un signo que ya conoce no hace falta, porque él mismo lo reproducirá.

Otra opción es contar cuentos o historias inventadas o creadas donde no nos apoyemos en ningún material gráfico. Esto tiene muy buena acogida por parte de los niños, que se quedan boquiabiertos ante las palabras que salen de tu boca y los gestos que las acompañan. Está bien crear cuentos propios porque de esta manera podemos usar los signos que queramos mostrar esa semana o ese día. Está genial para incluir vocabulario nuevo o para reforzar el existente. Si yo quiero enseñarle al niño los signos de *luna, oso, casa, montaña…* la idea es inventar frases que los contengan para así mostrárselos al niño en un ambiente de cuento, donde está prestando atención.

Cuento del oso Ramón:[1]

---

1. http://otanana.com/videos/lengua_de_signos/los_signos_a_traves_de_los_cuentos

El *oso* Ramón subió la *montaña* más alta para calentarse al *sol*.
Le entró mucha hambre y se *comió* una *pera*.
Y se quedó *dormido* junto a una *piedra*.
Cuando se despertó, muy *tranquilo*,
bajó la *montaña* más alta y observó la *luna* desde su *casa*.

Podéis usar el mismo cuento al principio con menos signos y poco a poco ir añadiendo más. A los niños les encanta porque les gusta anticiparse a lo que va a pasar, y si conocen la historia les gusta escucharla una y otra vez para saber con antelación lo que va a ocurrir en ella. Así que no es necesario tener un gran repertorio de cuentos. Simplemente con tener uno e ir añadiendo signos poco a poco es suficiente. Y cada mes, por ejemplo, podéis crear un cuento o historia con una temática nueva, siempre del interés del niño.

La pedagogía Waldorf es un sistema educativo cuyo principal objetivo consiste en estimular las potencialidades de cada peque con la guía de la persona adulta, pero en un ambiente no directivo. Se centra en favorecer y estimular las habilidades manuales y artísticas, a partir de edades muy tempranas, a través de actividades prácticas y juegos creativos, desarrollando el razonamiento crítico y la comprensión empática más adelante. Esta pedagogía trabaja con el mismo cuento durante varias semanas, aprovechando la propia narración para ir incorporando a la vida cotidiana todo lo que acontece en la historia. Los niños, al contrario de lo que se pueda pensar, no sólo no se aburren con la misma historia una y otra vez, sino que cada día la disfrutan más. Podéis acompañarlos de imágenes, de personajes, de objetos, de marionetas… para hacerlos así más atractivos y que el niño relacione los objetos que vamos mostrando con los signos que le vamos aportando.

Os invito a crear vuestras propias historias para estrechar lazos con los peques y además incluir signos en ellas para facilitar que los niños los puedan ir integrando. Al igual que los cuentos, las **canciones** son muy útiles para facilitar el aprendizaje de los signos porque son igual que los cuentos pero con melodía, y el sonido ayuda en gran medida a captar la atención del niño. Las canciones, los sonidos y la música tienen un papel fundamental en la evolución del ser humano. Los bebés escuchan desde que están dentro del útero y el cantarles cuando son bebés, al mismo tiempo que son mecidos en brazos, los transporta a la seguridad que sentían en el nido materno. El dicho popular de que la música amansa a las fieras es cierto, ya que posee una capacidad tranquilizadora en comportamientos agresivos o nerviosos. Compartir este balanceo simultáneo ayuda a sentirnos conectados con otras personas.

Esto se puede conseguir cantando y moviendo las manos para mostrar los signos. Se puede hacer también en grupo. Es un recurso muy usado en las escuelas infantiles. Acompañar las canciones con signos favorece la participación del peque, y si es un grupo grande donde signamos una canción todos juntos, favorecemos la socialización, la integración y la pertenencia al grupo.

La música es además reguladora de las emociones. Las personas adultas la usamos muchas veces para conectar con una emoción concreta. En los niños no es diferente. Se puede elegir una música u otra dependiendo del estado que queramos propiciar; un ritmo más relajado antes de dormir o uno más enérgico al despertarnos de la siesta.

El uso de la melodía, el ritmo y el baile hacen que para los peques resulte muy estimulante y divertido el uso de los signos, además de ser una herramienta útil para su aprendizaje.

Para mostrar los signos seguiremos la misma pauta que con los cuentos. Podemos inventar nuestras propias canciones o guiarnos por una con una letra ya definida. Podemos incluir pocos signos al principio e ir aumentando vocabulario cada día. Podemos usar la misma canción con menos signos y con el tiempo ir añadiendo más, como vimos con los cuentos.

Seguro que los niños van a disfrutar mucho de vuestra creatividad.

También podemos usar los **juegos** para facilitar el aprendizaje de los signos en los más pequeños. Éste es un campo muy amplio y en cada casa o escuelita predominarán unos juegos u otros. Desde juegos más estáticos a otros de más movimiento, la interacción con el peque siempre es un momento bueno para mostrar vocabulario. Os dejo algunos ejemplos como guía.

Juegos de esconder/encontrar:

Escondemos algún objeto debajo de una tela. Al levantarla nombramos y signamos el objeto que aparece.

Escondemos algunos objetos dentro de una bolsa y vamos metiendo la mano sacando uno a uno. Nombramos y signamos el objeto que sacamos.

Elegimos un color y tenemos que tocar todos los objetos de ese color de la habitación. Nombramos y signamos los objetos que tocamos.

Juegos de imitar:

La persona adulta elige un animal y el bebé tiene que imitar lo que hacemos. Nombramos y signamos el animal que hemos elegido.

La persona adulta dice:

—Yo soy el gato/perro/jirafa (elegir el animal que queramos) copión y me gusta… comer/dormir/jugar (elegir la acción que queramos).

El peque nos tiene que imitar.

Ejemplos:

Yo soy el *ratón* copión y me gusta comer *manzanas*.

Yo soy el *oso* copión y me gusta *dormir*.

Juegos de reconocer/ordenar:

Podemos hacer un *memory* de lo que queramos: animales, frutas, transportes, ropa, colores… Nombramos y signamos las parejas que vamos formando. Podemos usar cromos o recortes de revistas.

Elegimos objetos diferentes y jugamos a ordenarlos por colores. Nombramos y signamos los objetos que hemos ordenado y los colores de cada cosa.

Éstos son sólo unos pocos ejemplos. Seguro que a vosotros se os ocurren otras muchas más situaciones para compartir con los peques en casa o en la escuela.

DIFICULTADES

A la hora de mostrar este recurso del uso de signos nos podemos encontrar con pequeñas dificultades que nos pueden hacer pensar que no estamos avanzando. Ahora veremos qué podemos hacer ante estas adversidades.

Quizá lo más difícil en el uso de esta herramienta es **detectar que el niño nos está haciendo un signo.** Los bebés y niños mueven las manos y el cuerpo casi constantemente. Es seguro que nos encontraremos con situaciones donde el niño nos está haciendo algún signo y no nos damos cuenta por ese movimiento continuo. La forma de signar de un niño que está empezando a hacerlo es diferente a otro que ya tiene más práctica. El primero va a reproducir el signo a su manera las primeras veces, dependiendo de la etapa evolutiva y psicomotriz en la que se encuentre, hasta que poco a poco vaya perfeccionando la forma en la que se coloca, el movimiento, la sincronía entre ambas manos... Por eso, al principio puede que nos encontremos con que le enseñamos un signo al peque y éste lo reproduce de una forma bastante diferente, y nos cueste darnos cuenta de que nos está comunicando algo a través de sus manos.

Puede ocurrir que el bebé lleve un tiempo haciendo un gesto y, como nos lo muestra de una forma diferente a como nosotros se lo hemos enseñado, no detectemos que es un primer signo. Para estos casos lo recomendable es que, ante la duda de si es un signo o no, le hagamos nosotros el signo que pensemos que nos puede estar diciendo.

El bebé hace el signo de frotarse el pecho con las manos abiertas.

Le hemos enseñado el signo de bañar y pensamos que puede estar comunicándonos eso, así que le decimos:

—¿Te quieres *bañar*? ¿Quieres que vayamos a *bañar*?

Emma haciendo el signo de *gato* a su manera

Su reacción nos va a confirmar si lo que nos estaba haciendo era un signo o era otra cosa, que se estaba rascando, por ejemplo. De esta manera, y si la reacción del bebé nos muestra que efectivamente era un signo, nos va a resultar más fácil detectarlo la próxima vez porque ya sabemos cómo lo reproduce él.

El bebé se da golpes en la barbilla con la mano abierta.

Le hemos enseñado los signos de *comer, abuela, dormir* y *bañar.*

Los que se hacen en la zona de la boca sólo son *abuela* y *comer,* así que le pregunto:

—¿Has visto a la *abuela?* ¡La *abuela* está en la cocina!

El niño mira hacia la cocina, pero su reacción nos dice que no es eso lo que nos estaba diciendo así que continuamos:

—¿Quieres que vayamos a *comer?* ¿Te apetece *comer* ya?

El bebé responde con una gran sonrisa y un balbuceo, lo que nos demuestra que era eso lo que nos estaba signando.

A través de la reacción del bebé confirmamos lo que nos está comunicando y nos acercamos a su forma de signar. Más adelante y según vaya practicando, el bebé irá perfeccionando la manera de mostrar los signos porque, de manera natural y a través de la práctica diaria, los signos van evolucionando y se irán pareciendo cada vez más a cómo se los hacemos nosotros. No siempre pasa, porque en algunas ocasiones aparece antes la palabra. En algunos signos podemos ver que parece que no evolucionan y el niño siempre los hace igual. Como el objetivo es la comunicación y puesto que ya hemos conseguido detectar cuál es su manera de signar esa palabra que hace diferente a nosotros, no habría ningún problema.

La idea es que nosotros siempre enseñemos al bebé los signos en la manera correcta de realizarlos. Aunque veamos que nos los muestra con una forma diferente de colocar sus manos, tenemos que intentar mantener siempre la forma correcta del signo. Realmente no pasaría nada por variar la manera, pero hay muchos signos que, de esta forma, pueden acabar siendo iguales, y eso nos dificultaría la comunicación.

Es interesante y recomendable decir la palabra cuando el bebé o el niño nos hace un signo. Ésta es la manera que tienen de confirmar que les estamos entendiendo y que los estamos escuchando. Muchas veces nos hacen un signo repetidas veces con sus pequeñas manos y no paran hasta que no les nombramos lo que nos están diciendo. Es como si necesitaran esa certeza y seguridad, aparte de escuchar la palabra para ir integrándola. Es importante saber que el bebé tiene que tener las manos desocupadas cuando tengamos la intención de que nos muestre un signo. Si está sujetando algún objeto con las manos, nos resultará difícil diferenciar si es un signo o no. Eso se puede convertir en una dificultad para el bebé a la hora de aprenderlo.

Otra dificultad con la que nos podemos topar es que **el bebé no imite los signos** que le enseñamos. Hay varios motivos por los que esto sucede:

- **Los signos que le estamos mostrando al bebé no corresponden con la etapa evolutiva en la que se encuentra.**

  Si comenzamos a usar el método con un bebé de seis meses, tenemos que buscar, para comenzar, esos cuatro o cinco signos que estén en la rutina del bebé. Si los signos que le mostramos no se encuentran en el día a día o son demasiado complejos aún para su edad, el bebé no los va a imitar.

Tratar de enseñar al bebé signos de palabras que aún no comprende no tendrá mucho resultado. Signos como *enfadado, triste, miedo* (todas las emociones), *ayuda, dolor* o los *colores* (cuando aún son muy pequeños)… son palabras que requieren de una asimilación previa.

Tendremos que adaptarlos y elegir los que resulten más simples:

✔ ¿Quieres *comer*?   ✖ ¿Tienes *hambre*?

La comida es palpable: la pueden tocar, oler, probar, estrujar, lanzar… El concepto de «hambre», en cambio, es más abstracto y les costará más asimilar un signo así.

- **La palabra del signo que le estamos mostrando la aprenden muy pronto.**
  Imaginad que los primeros signos que hemos elegido para el bebé son: *dormir, bañar, manzana* y *mamá*. Si el bebé comienza a decir «mamá» a las semanas de empezar con el método, lo más normal es que ya no use el signo de mamá que le hemos estado enseñando. Cuando el bebé empieza a usar las palabras, los signos quedan, de manera natural, a un lado.
  Las primeras palabras que el bebé reproduce suelen ser las que repiten fonemas iguales: «mamá», «papá», «caca», «nene»… Son palabras que el bebé imita desde muy temprano por la facilidad que encuentra en su reproducción.
  Los signos se usan como herramienta comunicativa, lo que significa que dejarán de sernos útiles una vez que el niño empiece a hablar, a no ser que sea él mismo quien decida darles otro uso, como utilizarlas en momentos de juego, cuando tiene la boca llena, cuando se encuentra a más distancia o cuando no quiere que alguien más, aparte de nosotras, se entere de algo.

- **El signo que hemos elegido no tiene interés para el bebé.**

    A veces intentamos enseñar un signo que cumple los requisitos y está en el entorno del bebé, pero parece que no lo imita. Puede ser porque lo que nombra no sea de su interés y no tenga la necesidad de emplearlo. Puede incluso que el bebé pueda perfectamente imitar el signo, pero no sienta el impulso de usarlo o simplemente no quiera. En cuanto necesite expresar esa palabra utilizará el signo correspondiente. Hay mucho vocabulario que podemos ofrecer al bebé, así que no os obsesionéis ni os frenéis porque no imite algunos signos. Es el niño el que nos va a dar las pautas de sus propios intereses.

- **El bebé ya tiene un signo propio.**

    A veces intentamos enseñar un signo, pero vemos que el bebé ya comunica de otra manera la misma cosa, bien a través de un gesto propio o bien a través de un balbuceo. Lo normal es que el bebé conserve esa manera natural de decir lo que quiere decir a través de su cuerpo. Si el bebé ya tiene adquiridos signos propios y nos entendemos, no es necesario enseñarle esos signos concretos. Nos quedaremos con esos gestos naturales asociados a sus significados.

Izarbe usando un signo propio para decir *gato*

- **No estamos ampliando el vocabulario.**

  Otra dificultad que nos podemos encontrar es que el niño no amplíe el número de signos. Si tras intentarlo con los cuatro o cinco signos del principio vemos que el niño no imita ninguno y no le ofrecemos más signos, la herramienta no va a dar más de sí. Lo ideal sería ir mostrando más y más vocabulario según vayamos viendo que el bebé responde. E ir ampliando igualmente, aunque veamos que el bebé no responde a lo que le hacemos, porque puede estar pasando que el bebé esté atravesando alguna de las dificultades que ya he nombrado.

- **El bebé hace amago de signar, pero no termina de hacerlo.**

  Algunas veces nos encontramos que el bebé parece que tiene la intención de hacer un signo, pero no termina de colocar bien las manos o no le sale del todo. Como ya hemos visto, es estas ocasiones podemos acompañar el signo con nuestras manos para ayudarle a posicionar las suyas. Siempre teniendo en cuenta el estado de ánimo del niño y que nos deje hacerlo. A veces no querrá y nos lo hará saber con un manotazo, un grito, apartando su mano... Debemos respetar siempre su elección. En caso de que nos lo permita, podemos explicarle simplemente cómo se coloca:

Jirafa se hace de esta forma, con las manos así puestas y con este movimiento, así: *jirafa*

Como hemos visto en la parte de recursos, podemos ayudarle haciendo el signo en su cuerpo. Sería como un juego: primero haciendo el signo en mi cuerpo y luego en el suyo o al revés. De esta forma el bebé va a poder percibir las sensaciones del contacto del signo en su piel y el movimiento va a quedar registrado.

Signo de *dormir* acompañado de nuestra mano

Emma con 14 meses signando *dormir* correctamente

EL USO DE SIGNOS EN ESCUELAS INFANTILES

Desde hace tiempo se viene incluyendo el uso de signos en escuelas infantiles para dar apoyo a niños y niñas con necesidades especiales. Se utilizaba y se sigue utilizando sobre todo para peques con problemas de audición, autismo, síndrome de Down o algunos trastornos del lenguaje… Desde hace bien poco se está introduciendo su uso para todos los bebés con el objetivo de mejorar su comunicación, pues se han visto sus grandes ventajas.

Aparte de los beneficios que aporta el uso de signos para cualquier bebé, su uso específico en escuelas infantiles facilita mucho el trabajo de los maestros, educadores, acompañantes y otros profesionales. Y también es muy facilitador para los peques, que pueden expresarse sin la frustración de no ser entendidos.

Uno de los inconvenientes que podemos encontrarnos en la mayoría de las escuelas infantiles es que la ratio maestros/niños es muy elevada y una sola persona tiene que estar pendiente, atenta, observadora y presente con muchos niños al mismo tiempo. Conseguir esto se torna en ocasiones imposible. Los signos facilitan esta labor porque se ven desde lejos y de esta manera podemos saber lo que necesita un niño, aun estando a distancia de él.

Esta mañana estaba cambiando un pañal y a través del cristal he podido ver a un peque a unos cinco metros signando un objeto *(camión)* a otro peque que jugaba cerca de él con muchos juguetes a su alrededor.

Cuando he terminado de vestir a la niña he podido acercarme para observar con más detenimiento y ver que los dos querían el mismo juguete.

Son muchos los momentos en los que podemos mostrar los signos de manera individualizada a cada peque, pero en las escuelas infantiles jugamos con momentos grupales donde mostrar los signos a todo el grupo se convierte en una ventaja: en la reunión de la mañana, cuando nos sentamos a cantar sentados en círculo, a la hora de la comida, antes de la siesta, en el momento del cuento... Estas situaciones son muy positivas porque es muy fácil que unos peques den apoyo a otros imitando y todos se unan al ver al resto moviendo sus pequeñas manos al ritmo de la música, por ejemplo.

Teniendo la herramienta de los signos a tu disposición te acostumbras rápidamente a ser un observador de la globalidad de lo que está aconteciendo en el espacio, porque los peques van nombrando a través de sus pequeñas manos todo lo que les va sucediendo, lo que van necesitando, lo que imaginan, lo que ven... De esta manera es más fácil hacer el seguimiento de cada uno de ellos.

Y una de las grandes ventajas es trabajar en equipo y, junto con las familias, ver en qué momento se encuentra el peque y qué signos está haciendo en casa que nos puedan aportar para entender sus necesidades en el espacio educativo.

El camino hacia la comunicación. Uso de signos en el aula

Al comienzo de cada curso lees detenidamente las entrevistas que has realizado a las familias de los niños de tu aula. Analizas y ordenas en tu cabeza cómo vas a plantear tu clase, tus espacios, tus materiales, los tiempos que necesitas para individualizar tu actuación. En el grupo vas a contar con un niño con necesidades educativas especiales. Lees todos sus informes médicos y de profesionales especializados, todo aquello que te puede ayudar para conocerle mejor y poder aportarle con tu trabajo un apoyo para dar un pasito más en su aprendizaje.

En el momento de trabajar con los niños te planteas cuestiones básicas que ves imprescindibles para desarrollar tu trabajo en el aula, ¿cómo ofrecerle un ambiente estimulante?, ¿cómo acercarle a los demás teniendo en cuenta que no usan el mismo código de comunicación?, ¿cómo favorecer su seguridad y confianza en el adulto de referencia en el nuevo entorno socializador que aparecía en su vida diaria?, ¿cómo trasmitir a las familias seguridad y confianza?…

Cuando cuentas con un niño de necesidades educativas especiales en el aula, sabes que tienes que hacer una serie de adaptaciones curriculares que implican poder ofrecer a ese niño una inclusión educativa. Tienes que ofrecer la posibilidad de aprendizaje, una invitación al desarrollo y al acercamiento a aquello que le rodea, hacerle sentirse uno más, hacerle formar parte del grupo y al grupo formar parte de él.

Asistir a la escuela significa formar parte de un todo, nuestro pequeño grupo social, provocar desde los primeros años un aprendizaje conjunto donde la observación y la imitación de los iguales se convierte en la mejor ayuda que podemos tener. El educador aprovecha que los niños no ven diferencias entre unos y otros, sólo ven un igual, un niño más, para más tarde con la maduración individual de cada uno, favorecer la empatía y la ayuda.

A lo largo de los años el trabajo con niños con necesidades educativas especiales se ha convertido en algo normalizado dentro de las aulas ordinarias, y los apoyos externos al centro algo habitual. Los profesionales que se dedican al trabajo con este tipo de alumnado han ido profundizando en nuevos estudios y nuevas metodologías que aportan al aula y al educador un papel innovador que es el de ofrecer al niño un amplio mundo de posibilidades, posibilidades de aprendizaje, posibilidades de hacer nuevos descubrimientos. El papel del educador es el de dar herramientas, trazar metas, en definitiva, brindar la oportunidad de llegar a nuevos horizontes.

Como profesional, cada año que pasa siempre analizas lo que has aprendido y aquello que debes mejorar independientemente de si tienes niños con necesidades educativas especiales o no. Los educadores infantiles tenemos el privilegio de trabajar en una etapa de los niños en la que su evolución y desarrollo es la más significativa e importante de la vida en todos los ámbitos, ya sean físicos, motores, psicológicos, en el lenguaje y cognitivo, en la relación con el entorno inmediato, etc. Por lo que la formación, la innovación y la inclusión del alumnado es clave para la adquisición de las competencias de éstos.

Cuando se une tu experiencia no sólo con niños con hipoacusia, sino con otros niños con otro tipo de dificultades bien de lenguaje o del habla, como los niños con retrasos madurativos, autismo, lesiones o tumores cerebrales, diferentes síndromes asociados a las dificultades de comunicación, etc., a la necesidad de ofrecer a los niños una opción de comunicación, de expresión, de hacer que su mundo se abra a los demás, a todo lo que los rodea, analizas aquello que te ha ayudado a crecer como profesional, te das cuenta de la formación, la investigación, el estar al día de nuevos estudios, hablar con otros profesionales e intercambiar ideas, experiencias, opiniones… Y llegas a la conclusión de que puedes ofrecer a los niños de 0-3 años una herramienta que les posibilita todo aquello que te has planteado; **hablamos de los signos.**

Por otro lado, desde una perspectiva distinta haces otra reflexión, observas día a día a los niños y niñas con los que trabajas, niños con diferentes características, necesidades e intereses y que, a pesar de tener cada uno un ritmo de desarrollo, todos pasan antes o después por las mismas etapas. Nos encontramos con los diferentes hitos motores: sentarse, gatear, ponerse de pie, el inicio de la marcha, etc. Los primeros inicios en la autonomía: comer solos, control de esfínteres, vestirse y desvestirse… El inicio del lenguaje y la comunicación, las rabietas y la comprensión y expresión de emociones y sentimientos. Te das cuenta de que todos estos procesos y etapas cuentan con sus dificultades y que en cada uno de ellos hay una parte que tiene que ser expresada, escuchada y comprendida, y que el desarrollo del lenguaje en estas edades no está lo suficientemente adelantado como para acompañar a estas necesidades, lo que provoca, en ocasiones, momentos de conflicto entre niño y adulto.

Te preguntas qué puedes hacer para minimizar los conflictos que surgen durante su proceso de maduración y cómo ayudarles a comunicar sus deseos, necesidades, sus intereses, ayudarles a ser comprendidos por aquellos que los rodean y que a su vez éstos puedan acompañarlos en su progreso evolutivo. Todo esto te hace volver a pensar en cómo has ofrecido herramientas a otros niños que tenían dificultades en el habla, lenguaje y comunicación y te preguntas **por qué no ofrecer las mismas herramientas para todos, si todos se pueden beneficiar de ellas.** Te das cuenta de que vuelves a encontrar la solución en los signos.

Retomas formaciones pasadas, metodologías maravillosas y materiales que has utilizado sólo en aquellas ocasiones en las que algún alumno lo ha necesitado como apoyo externo y como ayuda a las adaptaciones curriculares. Recuerdas que con ellos aprendimos muchas cosas: a comunicarnos, a confiar en los demás, independientemente de sus características individuales, aprendimos que los niños buscan la forma de comunicarse, se adaptan a los otros, consiguen hacer llegar sus deseos, sus intenciones, sus motivaciones... Recuerdo los maravillosos momentos de comunicación que establecían los niños en el aula en momentos de juego libre cuando aquel niño les contaba a sus amigos cuentos en lengua de signos señalando los objetos, animales, acciones y personajes y mostrando seguidamente su signo. En otras ocasiones hablaba con sus amigos signando y los demás intentaban imitarle. Las familias de los niños oyentes que estaban en el aula se sorprendían de que sus hijos signaban en casa y les enseñaban palabras básicas.

Todo esto te hace ponerte en el camino, en un nuevo camino que sabes que está comenzando a ser explorado en varios ámbitos. Uno de ellos es en el del mundo de las personas sordas que han luchado por ser un colectivo escuchado y por tener su propia lengua reconocida y aplaudida, el otro ámbito es el de los talleres familiares con bebés que favorecen el aprendizaje de los signos acompañados por las familias y a nivel individual. Ahora hemos comenzado a desarrollarlo desde el punto de vista de la escuela infantil, entorno en el que la atención a las necesidades educativas de cada alumno necesita unas medidas educativas oportunas, donde todos nos beneficiamos de la atención a la diversidad, no sólo los que requieren una educación específica por presentar alguna dificultad o necesidad diagnosticada. Los profesionales trabajamos de forma conjunta para atender la diversidad de necesidades adecuando los distintos elementos del currículo y los procesos de enseñanza-aprendizaje a las necesidades e intereses de todos los alumnos. Para llegar a la consecución de estos objetivos es fundamental la implicación y colaboración de las familias.

Como educadores, tras nuestro trabajo diario, nos vemos en la necesidad de reflexionar sobre lo que sucede cada día en el aula. Es una forma de evaluar nuestra intervención, de ver el porqué de cada situación cotidiana. Observamos el estado emocional de los niños, si han llorado, si han estado tristes o por el contrario han manifestado alegría o enojo, simplemente si han sido capaces de transmitirnos todo eso y si nosotros hemos sido capaces de entenderlos y atenderlos.

Pararse a pensar si nuestra actuación e intervención ha sido adecuada ya nos va a ayudar a mejorar nuestro trabajo, traduciéndose esto en el bienestar de los más pequeños.

A la hora de plantearnos introducir la lengua de signos en la escuela tendremos en cuenta cuáles son los objetivos en educación infantil. Desde aquí pretendemos que los niños desarrollen las capacidades que les permitan conocer su propio cuerpo y el de los otros, sus posibilidades de acción y aprender a respetar las diferencias de forma paulatina; a observar y a explorar su entorno familiar, natural y social; adquirir progresivamente autonomía en sus actividades habituales; desarrollar sus capacidades emocionales y de relación; desarrollar habilidades comunicativas en diferentes lenguajes y formas de expresión... En definitiva, favorecer el desarrollo integral del niño, adquiriendo los aprendizajes básicos.

Cabe destacar que, en un centro educativo, el educador no trabaja solo, el trabajo en equipo es fundamental, el equipo educativo tiene la responsabilidad de planificar, coordinar, informar y decidir sobre los aspectos educativos del centro. Por eso, la propuesta de la introducción de los signos como herramienta en el aula ha supuesto un reto, ha creado un espacio de reflexión y consenso conjunto y un compromiso por parte de todos, un compromiso de cambio, de evolución, de innovación didáctica, donde lo más importante es la flexibilidad para dar cabida a la mayor variedad posible de situaciones de enseñanza-aprendizaje. También es un compromiso de calidad de vida en el ámbito escolar mejorando materiales, espacios, tiempos, recursos personales, etc.

Como equipo hemos adquirido el compromiso con la formación y la vanguardia educativa enfocada al desarrollo de nuestro proyecto metiéndonos de lleno en el cómo, cuándo, dónde, por qué y para qué de la introducción de los signos, intentando desarrollar nuevas estrategias y habilidades pedagógicas para trabajar en el aula y que nos ayuden a cumplir nuestro objetivo principal, que es favorecer la expresión y la comunicación a través de la lengua de signos española, posibilitando a los niños una herramienta útil previa o en su defecto como sustitución del lenguaje oral.

Desde nuestra escuela queremos adaptar esta metodología a la identidad particular de nuestro centro, las características de niños y familias, de nuestro entorno inmediato, de las características personales y profesionales de nuestros educadores. Sin todo esto, el proyecto queda cojo.

Puedes leer estudios, artículos, investigaciones, libros, experiencias personales de familias, todos con cosas valiosas que aportar y que puedes incorporar a tu forma de hacer; pero copiando ideas, herramientas, actividades…, no mejoras la intervención, ni mucho menos ayudas a crecer a tus alumnos ni a sus familias. Está claro que funciona, que se puede aplicar, que es maravilloso, pero no hay que perder la identidad, el camino, tus propios valores, para poder avanzar y hacer el proyecto tuyo.

Tenemos claros los objetivos que pretendemos utilizando la lengua de signos en la escuela:

- Ofrecer una herramienta a los niños con la que puedan expresarse y hacer llegar al adulto sus necesidades básicas, sus deseos e intereses.
- Proporcionar seguridad afectiva al sentirse escuchados y comprendidos por aquellos que los rodean.
- Minimizar la diferencia entre su capacidad de comprender y su capacidad de utilizar el lenguaje oral.
- Aprovechar la disposición de los niños a utilizar signos naturales y que todos empleamos en el día a día.
- Acercar a los niños a los conceptos de las cosas antes de que puedan nombrarlas.
- Desarrollar la motricidad fina y el control visual, espacial y manual, estableciendo la base para aprendizajes posteriores como el desarrollo lógico-matemático, la escritura y la lectura.
- Facilitar un momento de encuentro, juego y complicidad entre niño-adulto y niño-niño. Momentos de interacción con el mundo que los rodea.

Los signos se usarán en el día a día del aula y de la escuela respetando las rutinas, las actividades, el ambiente y la misma relación entre toda la comunidad educativa. El objetivo es la introducción de los signos que hemos elegido para trabajar con los niños de cara a favorecer y mejorar la comunicación.

Continuaremos organizando desde el primer momento los tiempos de forma que favorezcan el establecimiento de rutinas cotidianas que les den seguridad y les permitan anticipar los distintos momentos del día y que son los ejes centrales y estructurales de la cotidianidad de la jornada en la escuela infantil; la comida, la higiene personal, el descanso y el juego. Estas rutinas son oportunidades de aprendizaje para signar aquellas palabras que nos puedan ayudar en la comunicación. Su elección es consensuada por el equipo educativo ajustándolos a la edad y el nivel madurativo de los niños, siempre teniendo en cuenta los contenidos y conceptos que se trabajan en el aula. Cada nivel de edad 0-1 años, 1-2 años y 2-3 años contarán con un glosario de palabras a disposición de los educadores, equipo de atención temprana, personal de servicios y familias con el objetivo de que toda la comunidad educativa que se relaciona con el niño tenga acceso a ellas.

Comenzamos a introducir los signos a partir de los 8 o 10 meses en el aula de bebés, aumentando el número de signos a medida que avanza su edad.

Empezaremos con las rutinas habituales y las necesidades básicas:

- Alimentación: Distintos tipos de alimentos, objetos que intervienen en la comida o desayuno, necesidades que intervienen en dicha situación, conceptos relacionados (sed, hambre, más, caliente…).
- El sueño: Chupete, sueño, cansado, cama…
- Higiene: Agua/lavar, jabón, secarse, espejo, guapo, limpio, sucio…
- Momentos de juego: Juegos, juguetes, objetos cotidianos…
- Saludo y despedida.

De forma paulatina se introducirán acciones y objetos propios de la escuela: pintar, pegar…

Otros de los signos principales son los referidos a emociones y sentimientos.

En un primer momento, al introducir un nuevo signo lo utilizaremos antes, durante y al finalizar la acción o la palabra y así reforzar su aprendizaje. Signaremos cerca de la cara del niño en el momento en el que se establece el contacto visual entre niño-adulto. Conviene señalar el objeto o aquello a lo que nos referimos para que lo comprenda mejor, del mismo modo lo nombraremos. Recordaremos que los signos son una herramienta comunicativa, eso es lo importante, no la cantidad de signos que aprenda. Siempre lo realizaremos en un marco lúdico y atractivo.

Las materiales y metodología que utilizaremos para reforzar los aprendizajes serán cuentos, canciones, fotos, vídeos, bailes, teatro, marionetas...

El crecimiento del niño no es consecuencia exclusiva de las relaciones e influencias de la familia o de la escuela, sino de la relación entre ambas, ya que el niño puede enriquecerse con las diferentes interacciones que se establecen entre ambos contextos.

La relación con las familias debe basarse en un principio de colaboración, ya que ambos tenemos un fin común: la educación de los niños, acompañándolos en su desarrollo y garantizándoles un ambiente sano, feliz y equilibrado, haciéndoles vivenciar la participación, colaboración e implicación familia-escuela.

Pretendemos crear espacios y tiempos para la expresión y la comunicación de las familias donde se favorezcan las relaciones de confianza, por ello, el proyecto «Signos en juego» se convierte en una herramienta ideal para acercar a la familia al trabajo de la escuela con los niños.

¿Cómo lo hacemos? Se realiza en la escuela una mesa redonda con las familias y el equipo educativo donde explicamos detalladamente en qué consiste y cuáles son sus objetivos, de este modo, las familias conocen en todo momento qué se trabaja en el centro y pueden mostrar sus dudas, inquietudes y opiniones.

Al comienzo del curso se entrega desde el aula un glosario de los signos que se introducirán en el aula según las edades.

Los educadores de cada nivel organizan talleres con las familias donde se muestran cómo se realizan los signos y cómo trabajarlos con sus hijos en casa.

Aprendemos canciones y cuentos y mostramos momentos cotidianos en los que signamos en el aula.

Las familias adquieren el compromiso de participar y colaborar en la medida de sus posibilidades, así como de su interés, ya sea reforzando los signos en casa, contando sus experiencias o aportando materiales para jugar en el aula.

Cuando termina el curso se vuelve a reunir la mesa redonda donde todos podemos contar nuestra experiencia y aportar información muy preciada que se tiene en cuenta en los planes de mejora en el siguiente curso.

Por Sonia Gómez Sáez,
educadora infantil y formadora

Una actividad ordenada sólo es posible en un espacio ordenado. Una acción respetuosa sólo es posible en un entorno cuidado. Una actitud de respeto y una interacción rica con los otros sólo son posibles cuando el propio adulto es espejo de esa actitud.

Vicens Arnaiz Sancho,
psicólogo

USO DE SIGNOS CON BEBÉS Y NIÑOS CON NECESIDADES ESPECIALES

Mucha gente piensa que los signos sólo son válidos para personas sordas o con pérdida auditiva. Es cierto que la lengua de signos es la lengua que permite comunicarse con fluidez a las personas sordas. Cuando empecé a difundir la lengua de signos para bebés, una de las primeras preguntas que me hacían era:

—Pero es sólo para bebés sordos, ¿no?
Mi respuesta era siempre la misma:
—No. Es para que todos los bebés puedan comunicarse desde mucho antes de que empiecen a hacerlo con la lengua hablada. Es para todos los bebés.

Además, por mi experiencia trabajando con personas sordociegas y con personas con necesidades especiales, he visto siempre la gran ventaja del uso de signos como herramienta comunicativa. Definitivamente, el uso de signos también aporta grandes ventajas en niños con algún tipo de necesidad especial.

Donde yo he podido ver grandes beneficios es sobre todo en niños con dificultades en el aprendizaje del habla, síndrome de Down y autismo. He visto también a peques con problemas cognitivos beneficiarse del uso de signos.

Las ventajas que podemos ver en niños con **síndrome de Down** con dificultades en el aprendizaje del habla son muchas:

- A través del uso de signos, el niño adquiere seguridad en sí mismo y se refuerza su autoestima.

- Los signos le ayudan a comunicarse de forma más autónoma. Uno de los problemas que presentan es la frustración que les genera no ser entendidos. Su deseo de interactuar y ser comprendidos no varía en comparación con cualquier otro niño, así que el uso de signos les ayuda a satisfacer sus ganas de socializar.
- El uso de signos les facilita la comprensión de conceptos y el aprendizaje de las palabras y su significado.

Los niños con **apraxia verbal** o trastornos del habla también se pueden beneficiar enormemente del uso de signos como herramienta comunicativa.

La apraxia es un desorden del habla. Parece que es debido a una deficiencia del sistema nervioso y hay varias teorías que intentan explicar cuál es la causa.

Algunos de los problemas que tienen los niños con apraxia son:

- No pronuncian ciertos sonidos correctamente en algunas palabras.
- No utilizan todos los sonidos.
- Se comen algunas letras.
- Confunden letras en algunas palabras.
- Tienen más dificultad si la palabra o la frase es más larga.

Para cualquier niño, la necesidad de comunicarse es básica. Estos peques se pueden sentir muy frustrados al no ser comprendidos por el entorno que los rodea. En algunas ocasiones, su frustración es tan grande que llegan incluso a dejar de hablar de forma voluntaria.

Las ventajas del uso de signos en niños con apraxia se ven casi de inmediato. Algunas de estas ventajas son:

- Les ayuda a hacerse entender porque los signos les facilitan el poder diferenciar una palabra/letra de otra.
- Los signos les facilitan poder comunicar palabras o frases más largas y elaboradas.
- Mientras perfeccionan los sonidos, los signos les ayudan a comunicarse, lo que les da confianza en sí mismos y la seguridad de que van a ser entendidos.

- Los signos les ayudan a comprender el significado de algunas palabras con las que tienen dificultades de pronunciación.

En los niños con **autismo** también podemos usar los signos como recurso comunicativo. Los signos les ayudan a mejorar su calidad de vida, ya que gracias a ellos pueden comunicarse y mejorar sus relaciones sociales. Esto les evita un fuerte grado de estrés por no poder comunicar lo que quieren.

Algunas de estas ventajas del uso de signos en estos niños son:

- Facilita la relación madre/padre-hijo.
- Facilita el contacto visual, que es muchas veces una de sus grandes dificultades, lo que les ayuda enormemente a relacionarse socialmente.
- Evita mucha frustración, por lo que disminuyen los comportamientos agresivos hacia los demás y hacia uno mismo y favorece el autocontrol.
- Les ayuda a aprender la lengua oral de una manera más fácil.

A medida que estos peques pueden comunicarse mejor usando los signos como herramienta, poco a poco van expresando más necesidades y deseos y su comunicación va mejorando.

La capacidad de percibir o pensar de manera diferente es más importante que el conocimiento adquirido.

David Joseph Bohm,
físico, filósofo y profesor universitario

Para mí es muy importante que, sea como sea el niño que tienes enfrente, debes mirar más allá para ver cuáles son sus capacidades. Seguro que los signos te ayudan a ver más lejos.

Relato del uso de signos con un niño con síndrome de Down

A punto de cumplir los cuatro añitos, a Martín le operaron por segunda vez del corazón. Todavía no sabía decir «mamá», pero en el posoperatorio ya me indicaba mediante signos si necesitaba más analgésico. Cuando tu hijo no puede hablar y sólo se comunica con gestos básicos como el llanto, el lenguaje de signos es como un gran cielo azul abierto en medio de la tormenta. Desde que son bebés aprendemos a identificar si el llanto es de dolor, de cansancio, etc.; pero en un entorno hostil como es para un niño un hospital, saber si el llanto es por dolor, por miedo o por hambre es casi tan importante como respirar.

No todos los niños y niñas con síndrome de Down tienen tantas dificultades para hablar como mi hijo, pues el lenguaje es una de las áreas en la que presenta un mayor retraso. Algunos aprenden a hablar casi al mismo ritmo que cualquier otro niño o niña y articulan perfectamente, mientras que otros tienen dificultades para hacerse entender incluso en la edad adulta.

Cuando comencé a utilizar signos con Martín, siendo todavía un bebé, yo no sabía cuál iba a ser nuestro caso, pero llevaba leyendo sobre el síndrome de Down desde el embarazo y sabía que el lenguaje iba a ser uno de los caballos de batalla. Mi primer contacto con la lengua de signos fue a través de Otanana.com. Mi bebé de añito y pico podría comunicarse como cualquier otro bebé. Me encantó la página web y enseguida vi las posibilidades de comunicación que se abrían para mi niño. El poder preguntar dudas por Skype me dio mucha seguridad. Soy profesora de secundaria, pero comencé formándome como maestra, y mi primer contacto con la educación fue como educadora en una guardería. Así que sé algo de niños, pero sobre todo sé de mi hijo, con el que he tenido en sus primeros años más contacto que nadie. Estuve de excedencia los cuatro primeros años de su vida, para criarlo y estimularlo lo mejor posible. Para mí estaba clarísimo: el lenguaje bimodal era algo prioritario. Martín tenía enormes problemas de comunicación: costaba que mirase a los ojos a su interlocutor, no indicaba con el dedo índice lo que deseaba, tardó mucho en repetir sonidos, etc. Algunos de esos problemas dificultaban también su comunicación por signos, ya que al no mirar directamente a la persona que se comunica con él, no podía visualizar el signo adecuadamente para aprenderlo. Su propiocepción tampoco es buena, de forma que sus signos en ocasiones son tan diferentes de los originales que es difícil captarlos. Por ejemplo, al signar *yogur,* lleva la mano en vez de a la boca, casi a la cabeza, como si se pusiera un sombrero. A pesar de todo, yo veía claramente que mejoraba muchísimo con los signos, no sólo su comunicación gestual, sino también hablada, porque al signar emite más sonidos.

Así que mis primeros pasos en el mundo del lenguaje de signos fueron de la mano de Ruth Cañadas. También me documenté sobre el lenguaje bimodal específicamente para síndrome de Down en otras webs y libros especializados. Todos los estudios que han evaluado la aplicación de programas que incluyen sistemas aumentativos, como el lenguaje bimodal, demuestran no sólo que mejoran la comunicación, sino que aceleran el lenguaje hablado. Pero la gente piensa todo lo contrario: que el niño se acomoda y luego no habla o retrasa el habla. Da igual que les expliques que lo recomienda Down España o Down 21, o que les enseñes libros o publicaciones profesionales. Para mi entorno cercano e incluso para las y los profesionales que me fui encontrando, yo era la responsable de que mi hijo no hablara todavía. El lenguaje de signos parecía una ocurrencia mía. Acabaría demostrándose que el lenguaje bimodal le beneficiaba, pero el precio fue demasiado alto.

Conseguí encontrar una logopeda en mi ciudad, Lugo, que conocía la utilidad del lenguaje bimodal y que estuvo trabajando con Martín algunos meses. Tuvimos la mala suerte de que se trasladó a vivir a Canarias. Martín estaba a punto de empezar el colegio a sus cuatro años, con el alumnado de tres. Teníamos que encontrar una nueva logopeda, y como la profesora, al enterarse de que tendría un alumno con Down, se había puesto en contacto con Down Lugo, decidimos probar con la logopeda de la asociación. La ventaja era que se coordinaría con el colegio. El caso es que ese otoño recibí muchísimas presiones en contra del lenguaje de signos. Tanto la psicóloga de Down Lugo, como la orientadora del colegio se asombraron de mi «ocurrencia» de signarle al niño e insinuaron que quizá su retraso se debiera precisamente a eso. Escribí a Down España solicitando consejo y me recomendaron continuar con el lenguaje bimodal.

Mi cerebro me decía que tenía que seguir, que ése era el camino adecuado. Pero yo estaba agotada. La tensión que supuso la operación, los nervios de la entrada del peque al cole, mi propia reincorporación laboral y otra serie de situaciones familiares hicieron que acabara tirando la toalla. En principio la profesora era favorable a la utilización del lenguaje de signos, pero la falta de apoyo profesional acabó con sus intentos. Finalmente, también yo desistí. Dejé de signar. El resultado fue desastroso. El trabajo de la logopeda de Down Lugo y de la profesora consiguió que Martín mirase más a los ojos del interlocutor. Pero no era capaz de comunicar sus necesidades más básicas, salvo las de los signos que tenía más interiorizados y que no llegó a abandonar del todo, como *comer o agua.* Así que un año después de aquella operación en la que era capaz de decirme si tenía *dolor,* quería *comer* o irse a *casa,* se puso enfermo y lloraba desesperado sin ser capaz de decirme qué le hacía llorar. Me sentí totalmente impotente. Martín había olvidado signos como *dolor, medicina, asustado…*

Con cinco años sólo podía llorar y llorar esperando que yo adivinara lo que le pasaba. No poder comunicarme con mi hijo en un momento en el que me necesitaba desesperadamente fue una de las peores experiencias de mi vida. Y era todavía más doloroso saber que un año antes sí que podía hacerlo. Esa desagradable situación me hizo retomar de nuevo el lenguaje bimodal. Redoblé mis esfuerzos para convencer a la familia y amigos de la importancia de su uso. Algunos colaboraron tímidamente. Cada pequeña colaboración aceleraba los progresos de Martín.

Al terminar el curso, Down Lugo nos pasó una encuesta de valoración y allí reflejé mi decepción. Hablamos de nuevo y entendieron la necesidad de trabajar el lenguaje bimodal.

Al curso siguiente Martín cambió de profesora, ya que la anterior estaba de forma provisional. La nueva profesora solicitó a la administración una tablet para trabajar con Martín en el aula. Por ese motivo, la Xunta de Galicia envió al equipo de orientación específico para evaluar a Martín y hacer recomendaciones sobre el uso de la tablet. Todos los especialistas del equipo de orientación recomendaron trabajar con el lenguaje bimodal, indicándonos la necesidad de aunar esfuerzos. Por fin un respaldo profesional de peso.

Durante ese curso escolar nos fuimos coordinando la profesora, la logopeda de Down Lugo, la terapeuta ocupacional y yo. Martín ha cumplido ya 6 años, su lenguaje sigue siendo ininteligible salvo algunas palabras sueltas. Pero ha progresado mucho tanto en el lenguaje de signos como en lenguaje hablado.

Cuanta más gente se involucra, más avances se aprecian con el lenguaje bimodal. Es fundamental la colaboración de todo el entorno del niño o la niña: familia, amistades y profesionales. Pero desde luego mi experiencia con el lenguaje de signos es claramente favorable, incluso sin apoyos. Tengo la absoluta certeza de que la expresión de Martín sería hoy en día muchísimo más fluida y completa si desde el principio hubiese conseguido ayuda, si todo su entorno hubiese utilizado el lenguaje bimodal de forma decidida. Pero lo que también tengo muy claro es que, si estás planteándote si merece la pena entrar en el mundo del lenguaje bimodal sin el apoyo del resto de tu entorno, mi consejo es que sí, que merece la pena, incluso si quien lo va a utilizar es una sola persona.

Agradezco enormemente a Ruth el haberme animado a emplear el lenguaje de signos con Martín como con un bebé más. Quizá si yo hubiese visto el lenguaje bimodal como algo propio sólo de niños con diversidad funcional, hubiera esperado a tener el asesoramiento de alguna especialista, o quizás a que Martín tuviese más edad. Ruth Cañadas me permitió sumergirme sin miedo en un camino precioso, un camino que me acercó a mi bebé y me permitió comunicarme con él de una forma que, de no haber sido por el lenguaje de signos, hubiera tardado varios años en llegar.

M.ª Fernanda Suárez Méndez,
mamá de Martín

Relato del uso de signos con un niño con dificultades en el aprendizaje del habla

La comunicación mediante signos es algo que me ha interesado desde siempre, supongo que como a mucha gente, pero nunca pensé que aprendería a hablar con signos gracias a la necesidad de uno de mis hijos.

Álex tiene 7 años y medio y una alteración genética que le impide comunicarse con fluidez mediante la lengua oral. Articula sonidos, pronuncia palabras simples, pero no puede mantener una conversación con nadie fuera de la familia, que entendemos lo que nos quiere decir con poco esfuerzo.

Debido a sus limitaciones de comunicación, su logopeda empezó a enseñarle signos en las sesiones de terapia. Fue un gran descubrimiento, porque fue ahí cuando nos dimos cuenta de hasta dónde llegaba su pensamiento. Hasta ese momento no podíamos saber muchas de las cosas que pasaban por su cabecita, porque no nos las podía decir.

Aquél fue el principio de una nueva etapa en casa. Aprendimos signos básicos de comida, de animales, de lugares… Todo era un poco más fácil, aunque sólo podíamos aplicarlo en familia.

Empecé a organizar talleres para enseñarles los signos a sus compañeros de clase. Más o menos una vez al trimestre iba al colegio y contábamos cuentos, cantábamos canciones y les enseñaba los signos que íbamos aprendiendo nosotros. Fue muy gratificante porque los niños pequeños están muy abiertos a aprender signos, para ellos es divertido, como un juego, un lenguaje secreto para comunicarse en silencio. ¡Y los aprendían enseguida! Siempre me iba de clase con una lista enorme para el próximo taller.

Aun así, el problema de Álex seguía existiendo. Sólo nos podíamos comunicar en familia con los signos, porque en el cole, fuera de esos talleres tan divertidos, no utilizaban los signos. Ni siquiera el personal de apoyo sabía signar.

Con el paso de Álex a primaria decidimos cambiar de colegio. Comenzamos el curso en un colegio donde, aparte de los apoyos que sigue recibiendo al ser alumno con necesidades especiales, cada clase cuenta durante todo el día con dos profesoras, una que habla y otra que signa. Este colegio es referente de integración para sordos y en él Álex iba a recibir unas 7 horas diarias de la mejor terapia del mundo, signos para comunicarse. Incluso en el patio, en el comedor y en las excursiones, todo lo reciben tanto en lengua oral como en lengua de signos.

Por fin Álex puede comunicarse con personas externas a la familia, con un círculo amplio de gente que le comprende, con sus profesores y con sus compañeros de clase.

Hemos descubierto además un montón de gente con una sensibilidad especial y con mucha paciencia para prestarle atención y entender lo que dice. Porque las familias del colegio, al convivir con niños de diferentes dificultades, son empáticas y maravillosas. Y saben apreciar lo maravilloso que es Álex.

Y ahí llegó Emma, mi tercera hija. Desde su nacimiento nos ha visto signar, así que ha sido muy fácil para ella empezar a incorporar signos en su día a día. En cuanto su desarrollo motor le permitió controlar un poco el movimiento de sus manos, su avance y su aprendizaje se notaban cada día, y tenía tanta curiosidad por aprender que era realmente alucinante darnos cuenta de todo lo que podía decirnos.

Aprendió a signar a la vez que aprendía a hablar. Aprendió los signos de los miembros de la familia, los nombres y los signos de sus hermanos, le pusimos signo a los abuelos y abuelas, aprendió a pedir lo que quería comer, aprendió los animales y los colores a base de cuentos que signábamos. La verdad es que, una vez que empiezas, es algo que vas incorporando a tu rutina porque ves lo útil que puede resultar en momentos de dificultad.

Va perfeccionando los signos que hace a la vez que mejora su pronunciación. Es un aprendizaje más que está adquiriendo de forma totalmente natural. Para ella, por ejemplo, pedir tortilla para cenar es decir «tita» y juntar sus manos. Va todo unido.

A sus dos años son incontables ya los signos que sabe y que utiliza diariamente para hacernos saber lo que necesita o lo que quiere hacer. Es genial vivir esta nueva manera de relacionarnos y comunicarnos.

Nos hemos dado cuenta de que los bebés, desde muy muy pequeños, son capaces de contarnos muchas cosas si les damos la oportunidad.

Siempre animo a familia y amigos a aprender, aunque sea algunos signos básicos, para comunicarse con sus bebés, y no pierdo oportunidad de signar yo misma cuando hablo con esos bebés. ¿Por qué privarles de ese privilegio?

Según nuestra experiencia, todo son ventajas. Los cuentos y las canciones son mucho más divertidos, noto cómo mejora su coordinación y hemos creado un vínculo mucho más especial entre toda la familia.

Nos entendemos en silencio, hablamos con nuestras manos. Conocemos un lenguaje secreto que deseamos que deje de ser secreto. Que todos los niños y niñas puedan aprender en su escuela esta maravillosa, enriquecedora e inclusiva forma de comunicación.

MAY,
mamá de Luna, Álex y Emma

PREGUNTAS FRECUENTES

Mi bebé ya tiene 6 meses, ¿por dónde empiezo?

Lo primero es ver si el bebé ya se queda sentado solo. Si ves que empieza a prestar más atención con la mirada, a comunicarse con balbuceos, a hacer gestos con sus manos... es que ya está preparado para que empecemos a mostrarle los signos. Esto no quiere decir que los vaya a imitar inmediatamente. Recuerda que el proceso requiere de un tiempo.

Puedes elegir cuatro o cinco signos de su rutina para empezar a mostrárselos. Recuerda acompañarlos de las palabras y haz dos frases con el signo + palabra para que el bebé relacione el uno con el otro.

Usa los recursos que hemos visto antes; la rutina, las interacciones del bebé, señalar, cuentos, canciones, juegos... Todo esto facilita mucho la asimilación y el aprendizaje de los signos por parte del peque.

Ten paciencia y sé constante, sobre todo al principio, porque los primeros signos son los más difíciles de aprender. Una vez que el bebé empiece, va a querer más y más vocabulario para ir ampliando su comunicación.

Y, sobre todo..., disfruta de estos momentos junto a tu bebé. La observación y presencia van de la mano de este método. Es estando con él como más vamos a poder interactuar y aprender sobre sus necesidades y preferencias.

¿Cuándo sé que mi bebé está preparado para usar signos?

Cuando veas que empieza a prestar más atención, a fijar más la mirada, a quedarse sentado por sí mismo, a hacer cada vez más cosas para intentar comunicarse: balbuceos, gritos para llamar tu atención, gorgoritos...

También cuando empiece a repetir gestos sociales como dar palmas, decir adiós, lanzar besos al aire, repetir juegos de manos…

Hay muchos gestos que el bebé hace que nos indican que ya está preparado, que presta más atención y, por lo tanto, empezará a asimilar los signos que le mostremos. No hace falta que haga todos estos gestos para empezar. Simplemente cuando veas que el bebé empieza a centrar más su atención es un buen momento para comenzar. Esto suele ocurrir a partir de los seis-siete meses.

¿Los bebés se frustran cuando hacen signos a una persona que no sabe signos?

Yo no he visto nunca una frustración por este motivo. Lo que sí he observado es que el bebé genera una dinámica de repetición de los signos porque no hay nadie que le esté nombrando lo que él hace con sus manos. Es muy recomendable decir la palabra cuando el bebé nos hace un signo porque es así como confirman que los estamos entendiendo y escuchando. El escuchar la palabra no sólo les ofrece seguridad, sino que también les hace relacionar el signo con la palabra y objeto, acción, emoción… a la que hace referencia.

De todas formas, hay que recordar que la frustración es necesaria en la evolución de un niño sano. Los signos van a hacer que la frustración sea menor, sobre todo en cuanto a malos entendidos en la comunicación, pero no van a hacer que la frustración desaparezca totalmente. Lo que sí vamos a poder aprovechar a través de los signos es saber de dónde viene una frustración determinada. Esto nos va a servir muchísimo para poder acompañar al niño en su proceso.

Estamos en el parque y al sacar la merienda el niño llora porque quiere naranja y sólo tenemos manzana. El niño dice y signa:

Manzana no, naranja

Al saber qué es lo que quiere podemos acompañarle de otra manera:

—Ya sé que quieres *naranja*. En casa hay *naranja*, ¿quieres que vayamos ya a *casa*?

¿El uso de signos evita completamente la frustración?

El uso de signos reduce de manera considerable la frustración, sobre todo cuando está relacionada con la comunicación; los esfuerzos por comunicar algo y que no te comprendan, que te entiendan otra cosa en vez de lo que realmente quieres decir... Pero los signos no eliminan por completo los momentos frustrantes. Nada lo hace. Los bebés y niños van a pasar por situaciones que les van a provocar frustración porque forma parte de las etapas de desarrollo de una persona.

Tenemos que tener en cuenta que lo que nos provoca frustración a las personas adultas, que también nos frustramos, es muy diferente a lo que les provoca frustración a los bebés y niños. Muchas veces, si los vemos desde una mirada adulta, sus enfados nos parecerán tonterías, pero lo más seguro es que ellos piensen lo mismo de nuestros enfados adultos. Tenemos que intentar ponernos en su piel y empatizar para comprender por lo que están pasando, validando sus emociones para así acompañarlos mejor en lo que están sintiendo.

No siempre vamos a poder evitar una frustración usando los signos como herramienta de comunicación, pero sí es verdad que los signos nos pueden dan mucha información y podemos entender qué le pasa al bebé, por qué llora, qué quiere o necesita... y esto nos facilita enormemente la crianza y el acompañamiento porque, aunque no podamos ofrecerle siempre lo que nos pide, por lo menos sí sabremos por qué está frustrado o enfadado.

¿El niño podrá usar los signos de mayor para comunicarse con personas sordas?

La lengua de signos es una lengua gestual que utilizan principalmente las personas sordas. Tiene una estructura propia, una gramática, una lingüística... Con este método no usamos la lengua de signos, sino que usamos los signos sueltos de esta lengua como herramienta comunicativa. Podría darse el caso de que el niño coincidiera con una persona sorda o con un niño sordo de su edad en el parque y pudiera comunicarse algo con él, pero lo haría de igual manera, si es lo que quiere, aunque no tuviera este recurso.

Al ser un apoyo para mejorar la comunicación, sólo es válido durante un tiempo determinado, ya que normalmente cuando aparecen las palabras los signos pierden importancia y dejan de usarse, a no ser que el peque lo necesite por otras circunstancias. Lo común es que el niño, al dejar de usarlos, los vaya olvidando poco a poco. Quizá cuando sea adulto tenga mayor facilidad para aprender lengua de signos, pero tendría que reaprender los signos y además aprender toda la parte de estructura gramatical que no se le enseñó cuando era pequeño.

Mi bebé ya tiene un año, ¿es tarde para empezar?

No es tarde para nada. Yo recomiendo empezar a partir de los seis meses, pero con un añito el bebé todavía puede usar durante mucho tiempo este recurso. Lo normal es que con un año empiece a decir sus primeras palabras, así que si introduces en esa etapa esta herramienta comunicativa, el peque pronto empezará a mezclar signos y palabras para elaborar sus primeras frases y para contar mucho más, a través de sus manos, de lo que un niño de su edad cuenta usando sólo las palabras.

El uso de los signos se suele dar hasta que se desarrolla el lenguaje hablado. A partir del año de edad, los bebés empiezan por las primeras palabras. Entre los quince y los dieciocho meses el niño tendrá un vocabulario hablado de entre cinco y veinte palabras.

Sin embargo, un niño que use signos como recurso en su comunicación tendrá un vocabulario mucho más amplio y podrá expresar muchas más cosas.

Depende mucho de cada niño. Hay algunos que lo utilizarán durante más tiempo, incluso pasados los tres años, así que empezar cuando el bebé tiene un año tendrá muchos beneficios para el bebé y para las personas adultas que le van a acompañar.

Mi bebé todavía no ha empezado a signar y llevamos ya unas semanas practicando signos con él. ¿Qué puedo hacer?

Lo primero que tienes que ver es qué signos has elegido para empezar y revisar el apartado de dificultades. También es interesante que tengas en consideración cómo le estás mostrando los signos al bebé.

Muchas veces nuestras ganas de que comuniquen son tan grandes que no nos damos cuenta de que les estamos haciendo los signos sin esperar a que nos miren. En todas esas ocasiones el bebé no tiene la oportunidad de integrar el signo porque no le llega la información visual, sólo la auditiva.

Recuerda que para elegir qué signos son los más adecuados para el bebé es necesario fijarnos en qué intereses y necesidades tiene. A veces elegimos signos y el bebé, por algún motivo, no tiene la necesidad de nombrarlos. Te recomiendo entonces buscar otros signos más adecuados a él. La observación es fundamental para comprenderle mejor y darte cuenta de qué le llama más la atención. Quizá la hora del baño le guste más o menos, algún alimento, animal o juguete... Observa en qué cosas se fija cuando salís a la calle... Todo esto son pistas para ver qué vocabulario le puedes ir mostrando.

¿Tengo que enseñarle todos los signos de golpe?

No. Lo ideal es empezar a enseñar unos pocos, cuatro o cinco signos, e ir ampliando vocabulario cuando veamos que el bebé nos muestra alguna emoción o reacciona ante algún signo. Se podrían enseñar muchos signos de golpe, pero mi experiencia me dice que de esta forma el bebé tarda más tiempo en signar y lo que queremos conseguir con esto es que se comunique con nosotros de forma clara y cuanto antes mejor. Hay que ir ampliando los signos que formen parte del mundo del niño, los que estén en su entorno y formen parte de su interés: alimentos, animales, cosas que ve por la calle, colores... Siempre pensando en signos que sean adecuados a la etapa evolutiva en que el peque se está desarrollando.

Tampoco es necesario que aprendas todos los signos de golpe. Como vas a mostrarlos poco a poco, tienes tiempo de ir viendo cuáles se adaptan mejor a los intereses del bebé. Puedes fijarte en qué llama su atención, qué juguetes tiene, qué objetos o animales salen en sus cuentos, en qué se fija cuando vais de paseo... para así anticiparte e ir aprendiendo esos signos para mostrarlos cuando veas que el bebé interacciona contigo mostrándote, señalándote o haciéndote ver su interés por algo concreto.

¿Qué pasa con los niños más mayores?

Llega un momento en el que el niño va a usar todos los recursos que hemos practicado para enseñarle signos para reclamar más vocabulario. Como ya es algo que usa con soltura, podemos mostrarle el signo simplemente explicándoselo:

¿Quieres saber cómo se dice *pájaro*? *Pájaro* se dice así con las manos.

En estos momentos se produce un gran salto en la comunicación y el niño va a empezar a usar los signos no tanto como sujeto de la acción, sino quedándose en un segundo plano y dándole importancia a otras personas, animales o cosas.

Al mismo tiempo va a ir ampliando la construcción de las frases, mezclando signos + palabras.

Pasa el tiempo y, de manera natural, la palabra adquiere más importancia y el niño deja de usar los signos. Puede que se queden un tiempo como comodín para determinadas situaciones donde el niño tenga alguna dificultad en pronunciar una palabra determinada, o tenga la boca llena de comida y use las manos, o esté lejos en el parque y nos lance un signo en la distancia, o quiera contarnos algo y no quiera que la gente de alrededor se entere... Es decir, llega un momento en el que el niño ya sólo usará los signos de manera puntual y por una necesidad muy concreta. Estas situaciones irán desapareciendo paulatinamente hasta que ya sólo se comunique con nosotros mediante el habla. Es más, es muy probable que vaya a olvidarse de los signos.

Cuanta más gente esté involucrada en el aprendizaje de los signos, mucho más sencillo va a ser que el niño los integre. En casa pueden aprender la madre, el padre, los hermanos mayores, los abuelos… En las escuelas infantiles pueden hacerlo la maestra, educadora o madre de día, sus compañeros… Es muy motivador y muy bonito ver cómo se vinculan con otras personas a través de los signos.

Hay niños que encuentran en los signos un recurso aliado para comunicar algunas cosas que de otra manera les cuesta más, por ejemplo, las emociones que sienten. A algunos niños les resulta más fácil compartir sus emociones a través de los signos y no tanto poniéndoles palabras. Así que podemos encontrar que peques de cuatro o cinco años se sientan más cómodos expresando las emociones que recorren su cuerpo, como su enfado o su miedo, usando sus manos.

¿Puedo inventarme mis propios signos para enseñárselos al bebé?

Yo no recomiendo que nos inventemos signos porque tiene varias desventajas. Si convivimos con alguien, puede que el signo que inventemos para algo la otra persona lo haga de otra manera. O puede que no haya concordancia con los signos en la escuela. Inventarnos signos nos complica a la hora de recordarlos, mientras que el usar los de la lengua de signos nos facilita recordarlos porque podemos consultarlos si se nos olvidan. No es sencillo inventarse signos, y muchas veces, si nos los inventamos, tendemos a hacerlos muy parecidos unos de otros, lo que dificulta el aprendizaje del bebé. Aun así, hay algunas ocasiones en las que sí podríamos inventar alguno para facilitar la comunicación con el bebé.

¿Qué signos sí me podría inventar?

Hay algunas ocasiones en las que sí puede ser útil y facilitador el inventarnos algún signo para mejorar la comunicación con el bebé. Son cuatro las situaciones en la que esto puede tener sentido:

- **Signos para cuando no encontramos el signo oficial.**

  En lengua de signos no todas las palabras tienen un signo propio. A veces buscamos un signo concreto porque a nuestro bebé le gusta una fruta determinada o alguna cosa específica, y cuando buscamos el signo nos damos cuenta de que no existe o que la palabra se deletrea. En esas situaciones podemos inventarnos un signo propio para referirnos a eso que está en nuestra rutina, que es de interés para el peque y que nos va a facilitar la comunicación.

  En vez de deletrear la palabra kiwi (k + i + w + i) podemos inventarnos un signo fácil que podamos recordar.

  Es preferible inventarnos signos de una mano para dejarnos la otra mano libre.

- **Signos para nombrar a personas.**

  En lengua de signos se pone signo a las personas para no tener que estar deletreando su nombre cada vez que se la nombra en una conversación. Forma parte de la cultura de las personas sordas. Normalmente se elige un signo que tenga relación con su apariencia física o sus gustos, por ejemplo si tiene el pelo rizado, un lunar en la cara, sonríe mucho, tiene la nariz de una forma determinada... Con bebés podemos buscar un signo sencillo para nombrar a alguien que esté muy presente en su entorno y que le sirva para distinguirla y llamarla con facilidad. Se puede usar, por ejemplo, para distinguir a una abuela de otra, para que pueda nombrar a su hermano, a una prima, a la maestra de la escuela...

- **Signos para nombrar a las mascotas.**

  Si el bebé convive con animales, puede tener necesidad de llamarlos por su nombre. A veces simplemente dice el animal con el signo: *perro, gato, loro...* Otras veces, y sobre todo cuando escuche a la persona adulta llamar al animal por su nombre, quizá podamos inventarnos un signo para nuestro animal de compañía y enseñárselo.

- **Signos para juguetes de apego.**

En algunas ocasiones, el bebé toma especial cariño a un objeto y lo lleva con él allá donde vaya. Estos objetos que trata como juguetes pueden ser juegos definidos o algún material no estructurado que el bebé use para algo determinado.

A mi hijo, por ejemplo, le encantaban las gomas de borrar y solía llevar una en la mano. Nos resultó útil ponerle signo, porque cuando la buscaba y no la encontraba se frustraba y era más sencillo cuando sabíamos, a través del signo, que era eso lo que quería.

Un truco para inventarnos un signo es observar al bebé y ver qué hace con el objeto. Muchas veces lo usa para golpearlo contra el suelo, pero otras veces, si prestamos atención, podemos ver más detenidamente qué movimiento realiza con él. Ahí es donde podemos sacar el movimiento de nuestro signo.

Una vez en un taller vino una niña que llevaba un desodorante como juguete de apego. Lo usaba para enroscar y desenroscar la tapa, así que el signo que le pusimos a ese objeto era ese movimiento que hacía con la tapa.

Otra opción es fijarnos bien en el bebé porque lo más probable es que sea él mismo el que invente un signo para referirse a aquello que le llama tanto la atención.

Izarbe se inventó este signo para pedirle a su madre *pegatinas*. La pequeña se las pegaba en la cara, por eso le puso ese signo.

Izarbe signando *pegatina* a su manera

Mi bebé ya tiene un signo propio para decirme algo concreto. ¿Tengo que cambiarle ese signo por uno de la lengua de signos?

Algunas veces nos podemos encontrar con esta situación en la que el bebé ya se ha inventado un signo propio para decirnos algo. En este caso, yo recomiendo mantener su signo. Normalmente son signos que están relacionados con lo que hace el peque con ese objeto o acción determinada, por lo que para ellos tiene una relación muy estrecha con su significado. Como el objetivo es la comunicación y el vínculo, podemos mantener ese signo inventado por él sin necesidad de cambiarlo. También tenemos que estar atentos para incluir más vocabulario, porque cuando el peque inventa sus propios signos es porque siente la necesidad de tener un gesto para nombrar algo que no le está llegando desde el exterior.

Normalmente, los niños se inventan los signos que necesitan en función del uso y movimiento que hacen con el objeto que quieren nombrar.

¿Se puede usar cualquier lengua de signos con bebés?

Definitivamente sí. Cualquier lengua de signos es válida para comunicarnos con nuestro bebé. Como ya he explicado, con bebés realmente no usamos la lengua de signos, sino los signos sueltos de esta lengua como herramienta para mejorar la comunicación y facilitar la crianza.

Teniendo el objetivo claro, cualquier signo es válido. Aunque es cierto que los signos de las lenguas de signos están muy contextualizados con el entorno. En España nos expresamos corporalmente de una manera muy distinta a Finlandia, por ejemplo.

La comunicación verbal y los gestos sociales influyen porque un signo u otro puede ser más familiar o no para el bebé, lo que puede facilitar o dificultar su aprendizaje.

¿Son compatibles la lengua de signos y el bilingüismo?

Si en casa o en el ambiente del bebé se hablan varios idiomas, los signos pueden ayudar a que el peque se comunique antes. Lo que tenemos que hacer es elegir qué lengua de signos le vamos a mostrar y usar sólo ésa para hablar cualquiera de los dos idiomas.

Por ejemplo, si le hablamos en castellano y en inglés. La persona que le hable en castellano le puede decir:

¿Quieres *agua?* ¿Te apetece beber *agua?*

mientras le hacemos el signo.

Y la persona que le hable en inglés podría decirle:

Do you want some *water?* Would you like to drink some *water?*

mientras le hacemos el mismo signo que le hemos mostrado en caste-llano.

De esta manera, los signos se convierten en un puente de comuni-cación entre los dos idiomas y al peque le resulta más sencillo unirlos y comprenderlos.

¿El uso de signos retrasa el aprendizaje del habla?

Definitivamente no. Los signos no retrasan el aprendizaje del habla, al contrario. El uso de signos potencia el desarrollo de la lengua oral. Recuerda que con bebés y niños no usamos la lengua de signos, sino los signos sueltos de ésta para usarla como recurso comunicativo don-de el bebé puede expresar, apoyándose en sus manos, lo que necesita, lo que piensa, lo que prefiere, lo que siente…

Como ya hemos visto en el método, siempre que usemos un signo lo acompañamos de las palabras para potenciar la lengua oral.

Para más información al respecto, podéis leer el estudio «Impact of Symbolic Gesturing on early language development».[1]

¿A qué edad es recomendable empezar a usar los signos?

Yo recomiendo empezar cuando el bebé ha cumplido los 6 meses. Realmente hay bebés que empiezan a usar los signos antes. Los bebés de padres sordos empiezan a comunicarse antes de los 6 meses, aunque es verdad que ellos están expuestos al estímulo constante de la lengua de signos. Como nosotros vamos a usarla como recurso comunicativo, ofreciendo signos puntuales para facilitar la comunicación, el bebé tardará más en asimilarla.

A partir de los seis meses es un buen momento para empezar, ya que es cuando el bebé normalmente empieza a ampliar su comunica-

---

1. http://otanana.com/admin/includes/filemanager/userfiles/Goodwynetal2000.pdf

ción imitando cada vez más a la persona adulta en sus gestos y movimientos.

No me parece tan importante cuándo empieces a mostrarle los signos al bebé, sino que te mantengas en esa presencia, constancia y paciencia que son tan necesarias para que el bebé vaya adquiriendo el vocabulario. Muchas familias me escriben contándome que están unos días ilusionados con los primeros signos y que al cabo de un tiempo se cansan y lo dejan a un lado, al ver que el bebé no reproduce aún ninguno. Es importante que recordéis que si empezáis antes de que el bebé esté preparado, vais a tener que hacer un ejercicio grande de paciencia para esperar a ver los resultados. Podéis usar ese tiempo para aprender signos, para ver qué herramientas podréis usar con el bebé y ver cómo los vais a incluir en vuestra rutina. Yo os animo a no abandonar y a seguir mostrando vocabulario. Es increíble darte cuenta de las grandes historias que te puede contar un bebé con sus pequeñas manos, que de otra forma, te perderías.

¿Hasta qué edad se puede usar este método?

Por lo que he podido ver durante estos años en los que he acompañado a muchas familias y profesionales, los signos van desapareciendo de manera gradual según va apareciendo la lengua oral. Esto suele ocurrir a los dos años y medio o tres años. En alguna ocasión me he encontrado con niños y niñas a los que los signos les vinieron bien hasta más tarde, con cuatro e incluso cinco años. Eran niños que usaban los signos más allá de la comunicación; en juegos, para relacionarse con sus hermanos más pequeños, en la escuela… Y disfrutaban aprendiendo más vocabulario por puro interés, no tanto por la necesidad de expresarse. Otros niños más mayores usan los signos sobre todo para expresar emociones. Algunas veces nos encontramos que las palabras se nos hacen muy abstractas y los signos nos ayudan a concretar durante un tiempo y hasta que asentemos bien el significado de aquéllas.

Muchas familias sienten el anhelo de que su hijo ya más grande continúe usando los signos por la experiencia tan bonita que han vivido usando el recurso. Es importante recordar que normalmente ésta es una herramienta que desaparece de forma natural y de manera gradual en cuanto el niño empieza a hablar, y que es el mismo niño quien va a determinar hasta cuándo le va a venir bien su uso, independientemente de lo que nosotros prefiramos.

¿Qué signos son los más adecuados para mi bebé?

Los signos más adecuados para el bebé son los que están directamente relacionados con sus intereses. Para ver esto tenemos que fijarnos en cuáles son sus rutinas, qué le gusta, qué le llama la atención, qué le hace disfrutar, en qué se fija por la calle, qué juguetes son sus preferidos, qué cosas señala, qué comida le interesa...

Es importante saber en qué etapa evolutiva se encuentra para saber si los signos que le mostramos son acordes y los va a poder asimilar. Algunas personas se anticipan en mostrar signos que el bebé todavía no comprende porque son demasiado abstractos, como los signos de emociones o de los colores.

Signos de rutina pueden ser: *comer, dormir, bañar, teta, pañal, plátano*... Tenemos que tener presente si el signo que le mostramos es simplemente una rutina del adulto o una rutina que hace disfrutar al bebé. Por ejemplo, la hora del baño puede ser muy placentera y el bebé puede disfrutar mucho de ella, pero también hay bebés a los que no les gusta el baño, bien por la forma en la que lo reciben, bien porque sienten frío o calor, bien por el momento en el que se lo dan... Si no lo pasan bien y no les gusta, para ellos no será agradable que les recuerden que toca baño, así que sí sería un signo que asimilarían pronto, pero probablemente no sería un signo que ellos hicieran para pedir ir a *bañar*. En ese caso, podríamos usar el signo de *bañar* para anticiparnos a una situación que ya sabemos que al bebé no le gusta. Esto podría mejorar algo la reacción del bebé ante el baño, pues es algo que no le pillaría por sorpresa.

Algunas personas me escriben preguntándome cómo se hacen los signos de los días de la semana, los meses del año, las estaciones o signos puntuales relacionados con épocas de año, como carnavales, Navidad, etc. Algunos signos no son necesarios para mejorar la comunicación con el bebé. Estos signos están muy relacionados con la temporalidad y los bebés no pueden entenderlos porque los conceptos como ayer, hoy y mañana empiezan a cobrar sentido para el niño a partir de los cuatro años, e incluso entonces le producen mucha confusión. Más adelante, y si el niño sigue interesado, sí podrían ser signos adecuados para el niño.

¿Qué dificultades puedo encontrarme a la hora de practicar este método?

La mayor dificultad con la que yo me he encontrado acompañando a las familias es que la persona adulta se rinde demasiado pronto y deja de mostrarle los signos al bebé a los pocos días, por lo que no hay constancia ni paciencia al iniciar el método y el bebé no avanza. Normalmente, el entusiasmo del principio, cuando vislumbras la clara mejora de la comunicación y los beneficios en la crianza en los primeros años, es muy grande, pero poco a poco y viendo la realidad, que es un método que requiere algo de tiempo, sobre todo al principio, muchas personas dejan de hacerlo, no pudiendo ver los resultados obtenidos. Por eso yo os animo a seguir mostrando signos para que el bebé, paso a paso, los vaya asimilando hasta reproducirlos con sus propias manos.

Otra dificultad que podemos encontrarnos es que los signos que le mostremos al bebé no estén relacionados con su interés o etapa evolutiva y esto impida su aprendizaje. También el no darnos cuenta de que el bebé nos está haciendo un signo puede dificultarnos la tarea, por eso debemos estar atentos y tener muy presentes cuáles son los primeros signos que le estamos enseñando, porque normalmente serán algunos de ésos los que reproduzca al poco tiempo de empezar.

Cómo enseñar los signos de papá y mamá

Ésta es una pregunta que me han hecho en algunas ocasiones, ya que cuando intentaban enseñar al bebé el signo de *papá* o *mamá,* éste no lo aprendía con facilidad. Es a partir de los nueve meses y de manera gradual cuando el bebé empieza a sentir y percibir que su cuerpo es diferente al de su madre, por lo que intentar enseñar los signos de *papá* y *mamá* antes de esa edad es complicado, porque el bebé no siente que haya otra persona diferente a él.

Como el proceso de separación se va dando poco a poco, yo tengo algunos trucos que sirven para enseñar estos signos y que el bebé los integre de manera más fácil. Uno de ellos es que el signo de *mamá* lo enseñe el padre y el signo de *papá* lo enseñe la madre. Podría ser de esta manera o simplemente que lo enseñe una persona diferente; la abuela, la hermana, el primo… Cuando ponemos el signo fuera sería igual que cuando nombramos un objeto que tenemos delante. De esta manera resulta más fácil de identificar y relacionar para el peque. Un buen momento es cuando aparece la persona por la puerta, si ha estado fuera, por ejemplo:

Mira quién viene ya a casa. *¡Es papá!* ¿Vamos a ver *a papá?*

Otro truco, en caso de que sea la madre quien le enseñe el signo de *mamá* o el padre el que enseñe el signo *de papá,* es que sea a través de un juego donde nos escondemos unos segundos y luego aparecemos. Como el típico juego de cucu-tras, pero nombrando *mamá* o *papá,* según quién se lo esté haciendo:

Con el peque delante y usando una mantita o trapo nos tapamos la cara un momento y…

¿Dónde está *mamá?* (Te escondes).
¡Aquí esta *mamá!* (Te destapas y apareces).

Seguro que puedes usar otros muchos juegos donde nombramos la figura de mamá y papá y que al peque le pueden ayudar a asimilar esos signos y palabras. Aun así, *mamá* y *papá* son palabras que el bebé dice muy tempranamente, así que puedes centrarte en enseñarle más vocabulario.

Tengo una hija mayor y con ella no usé los signos. ¿No sentirá celos al usar los signos con el pequeño?

Los signos ayudan mucho en la relación entre hermanos. Normalmente, cuando nace un bebé, intentamos acercar al hermano mayor de alguna manera al bebé, haciendo que colabore, que nos ayude con el cambio de pañal o el baño… Estas tareas, a veces, son muy ajenas al hermano mayor y no siempre conseguimos que se involucre en ellas. Con los signos es diferente porque es el hermano mayor, junto con la persona adulta, quien le va a enseñar algo directamente a su hermano pequeño y es algo que puede hacer sin que nosotros tengamos que supervisar. Es una tarea que los peques hacen con ilusión. Los acerca a sus hermanos y además les facilita enormemente la comunicación. Es muy normal que surja entre ellos una comunicación especial e íntima a partir del uso de signos.

VOCABULARIO DE SIGNOS

A continuación os ofrezco un vocabulario amplio para poder aprender y mostrar al bebé poco a poco. Está ordenado alfabéticamente para facilitar la búsqueda del signo que queráis aprender.

Para una correcta ejecución de los signos, podéis ver los videos correspondientes a este vocabulario en mi página web, en el apartado de vocabulario: http://otanana.com/vocabulario_de_signos

Como ya sabéis después de haber leído este libro, algunos signos nos sirven para obtener voca-
bulario directo y que el bebé vaya aprendiendo, a través de sus manos, una nueva forma de comunicar, para así iniciar sus propios diálogos y que nos pueda expresar sus necesidades concretas. Otros signos, en cambio, nos pueden servir para anticipar situaciones y así facilitar la relación con el bebé. Algunos signos nos sirven para ambas cosas. Poco a poco podremos ver qué uso da el bebé a cada gesto y cómo podemos ofrecerle más y más vocabulario dependiendo de sus intereses y necesidades. Espero con ilusión que disfrutéis de esta bonita herramienta y que pronto podáis ver los resultados.

Símbolos del vocabulario

| Dirección del desplazamiento (Movimiento) | Movimiento en contacto con el cuerpo | Toques |

Índice alfabético

Abajo

Abeja

Abrazo

Abrigo

Abuelo

Agua

133

Aguacate

Alegre

Amarillo

Amigo

Animales

Araña

135

Árbol

Ardilla

Arena

Arriba

Arroz

Autobús

137

Avión

Ayuda

Azul

138

Bandolera

Bañarse

Baño

139

Barco

Bebé

Beber

140

Beso

Biberón

Bicho

141

Bici

Bien

Blanco

142

Bueno

Bonito

Bufanda

143

Burro

Caballo

Cabra

Caca

Calabaza

Calcetines

145

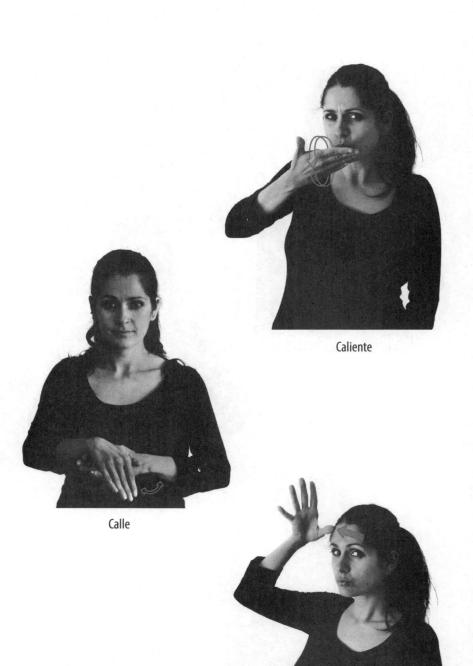

Caliente

Calle

Calor

146

Cama

Camello

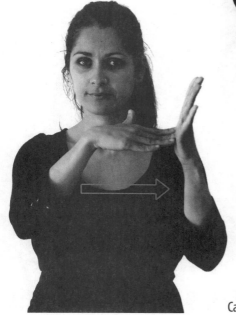

Camión

147

Camiseta

Cansado

Caracol

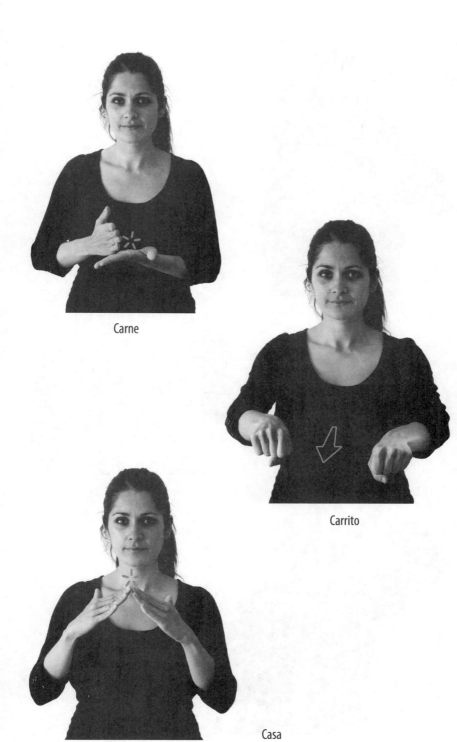

Carne

Carrito

Casa

149

Cerdo

Cereales

Cerezas

150

Chocolate

Chupete

Coche

151

Cocodrilo

Colegio/Escuela

Colores

Columpio

Comer

Compartir

153

Conejo

Construcciones

Contento

154

Crema

Cuál

Cuchara

155

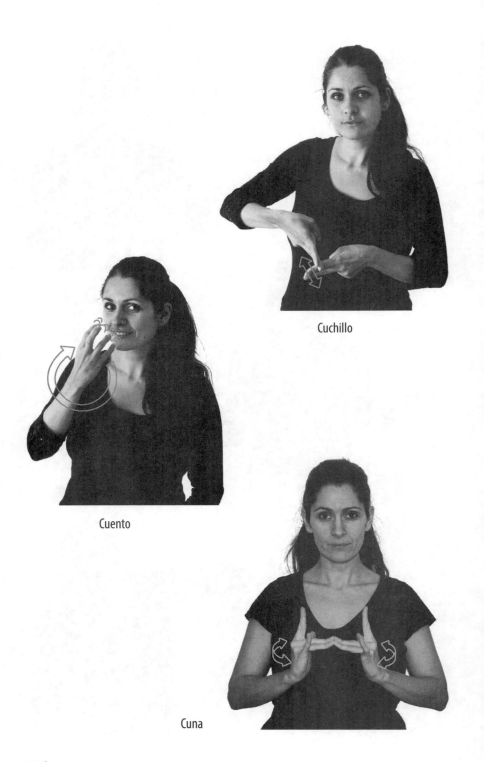

Cuchillo

Cuento

Cuna

156

Dinosaurio

Dolor

Dónde

157

Dormir

Elefante

Emoción

Enfadado

Estrellas

Falda

Familia

Feo

Flor

Fresa

Frío

Fular de porteo

Galleta

Gato

Globo

162

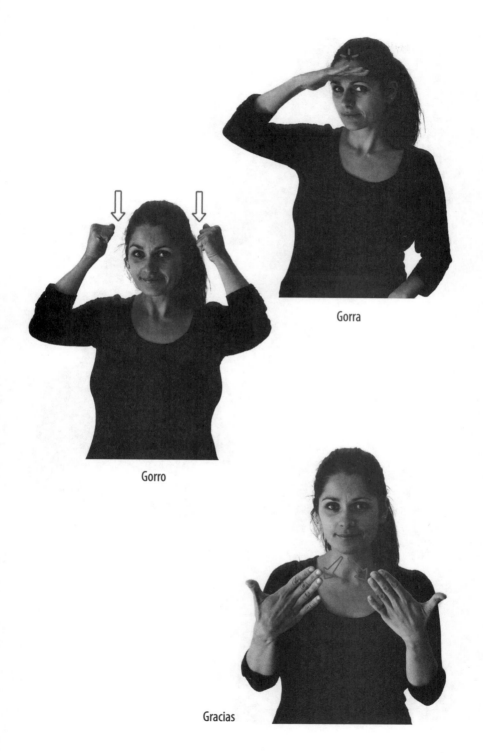

Gorra

Gorro

Gracias

163

Grande

Guantes

Guapo

Gustar/Gracioso

Hambre

Helado

Helicóptero

Hermano

Hijo

Huevo

Jirafa

Jugar/Juguetes

Lavarse las manos

Lavarse los dientes

Leche

León

Libro

Limón

Limpio

Llaves

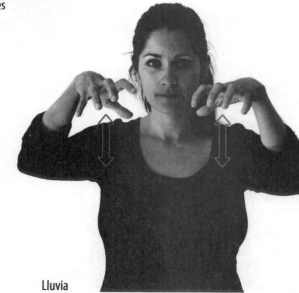

Lluvia

170

Lobo

Luna

Mamá

171

Manzana

Mar

Mariposa

Marrón

Más

Melón

Miedo

Mono

Montaña

Morado

Mosca

Moto

175

Muñeco

Música

Naranja

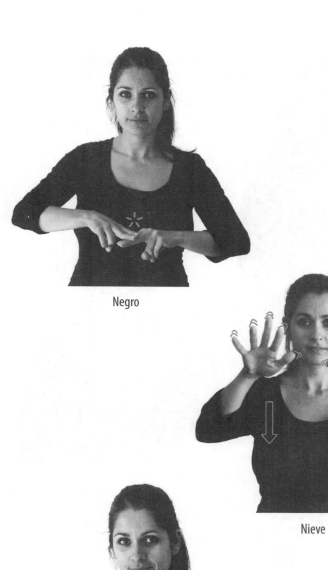

Negro

Nieve

Niño/Niña

No

No hay/No queda

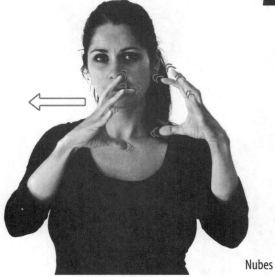

Nubes

Oso

Otra vez

Oveja

179

Pájaro

Pan

Pantalón

Pañal

Papá

Parque

181

Paseo

Patata

Pato

182

Pelota

Pequeño

Pera

183

Perdón/Lo siento

Perro

Pescado/Pez

Pintar

Piedra

Pis

185

Plátano

Plato

Playa

Pollo

Por favor

Primo

Puré

Querer

Queso

188

Rana

Ratón

Recoger

189

Rojo

Ropa

Rosa

Sandía

Sol

Sopa

Sucio

Susto

Teléfono

Tenedor

Te quiero

Terminar

Teta

Tigre

Tío

194

Tortilla

Tortita

Tortuga

Trabajar

Tren

Triste

Vaca

Vaso

Vecino

Verde/Verduras

Vestido

Vestirse

Yogur

Zanahoria

Zapatos

199

Zumo

RECURSOS DE INTERÉS

Otanana.com Es la web de referencia de este libro. Puedes encontrar los signos de la lengua de signos española. El vocabulario está agrupado por vídeos temáticos y también listado por orden alfabético. Búscalo como más cómodo te resulte. También hay vídeos de cuentos y canciones.

Para dudas, talleres o formación, ponte en contacto conmigo en info@otanana.com

Spreadthesign.com Si hay algún signo que no encuentras en la web de Otanana, en esta otra web hay mucho vocabulario. Teclea el signo que necesitas y pincha en la bandera correspondiente.

Sematos.eu En esta web puedes encontrar bastante vocabulario de la lengua de signos española.

Signarenfamilia.com Utiliza la lengua de signos catalana (LSC).

Signplanet.net Lengua de signos para bebés en Australia. Utiliza la lengua de signos australiana.

Signeavecmoi.com Utiliza lengua de signos francesa.

Singandsign.com Lengua de signos para bebés en Reino Unido.

Mybabycantalk.com Lengua de signos americana para bebés.

GOODWYN, S. W.; ACREDOLO, L. P. y BROWN, C. A.: «Impact of Symbolic Gesturing on Early Language Development».

ACREDOLO, L. P. y GOODWYN, S. W.: *Baby Signs. How to Talk with Your Baby Before Your Baby Can Talk*. The McGraw-Hills Companies, 2009.

GARCÍA, J.: *Sign with your baby. How to communicate with infants before they can speak*. Northlight Communications, 1999.

Entiéndelo antes de hablar
Es una obra colectiva creada por la Fundación CNSE. Utiliza los signos de la lengua de signos española.

Gabla en blanco y negro
Noelia Martín Durán. Un libro para que aprendas a conectar con tu bebé, descubras sus primeros signos y disfrutéis juntos de un cuento de contrastes blancos y negros. Con acceso a un vídeo explicativo de los gestos (basados en los *Babysign),* con ilustraciones hechas por la autora con amor y con actividades y páginas recortables.

Con gratitud de que este recurso tan bonito se esté extendiendo cada vez más, tanto a familias como a profesionales.

AGRADECIMIENTOS

A todas las personas que han cedido las fotografías de sus bebés para que aparecieran en este libro y a las que habéis colaborado escribiendo el relato de vuestra experiencia: ¡GRACIAS!

Laura, Jon y Víctor
M.ª Fernanda
May
Naty, César y Nina
Patricia, Iván, Thiago y Aritz
Rober, Nico y Emma
Rosa, Ricardo e Izarbe Azón Avellanet
Sonia

Gracias de corazón a Rosa Jové y a Isabel Fernández del Castillo por confiar totalmente en mí y escribir ambos prólogos entendiendo mi propósito: **mejorar el vínculo y la comunicación con los bebés y acercarnos a su mundo.**

ÍNDICE